El Esclavo

"El que sacrifica la libertad por la seguridad,
no merece ni libertad ni seguridad."

Benjamín Franklin

El Esclavo
1ª Edición Abril del 2001

Segunda Edición Diciembre del 2006
Décima Octava Reimpresión Junio 2016
2,000 Ejemplares
El Camino Rojo Ediciones
S.A. de C.V.
Artes 139 Col. Estanzuela
México 07060 D.F.
Tel. 5737-0760 5767-7947
Todos los derechos reservados ©
Francisco Javier Angel Real ©
ISBN 970-80-7003-3
superate@yahoo.com
www.visionquestmexico.com

*"A mi maestro Marco Amezcua.
Por la dicha de ser tu amigo."*

PRÓLOGO

"Lo más difícil es morir y renacer."
BUDA

*"Comprendí que esta vida es la única
oportunidad de ser nosotros mismos."*
EL ESCLAVO

He aquí un libro digno de ser leído y releído varias veces. Su lenguaje tiene el encanto de lo simple, por eso es verdadero. ¿Quién no ha sido o, peor aún, quién no es un esclavo de sus problemas, de sus miedos y culpas? El autor nos lleva de la mano de manera ágil y sencilla a través del universo de la mente, donde podemos encontrar a nuestro Yo sano, al que pareciera que sólo podemos oír cuando no podemos hablar.

Los conocimientos adquiridos por Francisco Ángel en la Universidad Gestalt de América se han enriquecido con las experiencias vividas en sus largos viajes por oriente y por la India, en especial.

El personaje del libro nos representa. A través de él entendemos que al fugarnos de nuestra realidad con alcohol o drogas nos cegamos a ver las bendiciones que nos rodean. A través de él también entendemos que no valoramos lo que tenemos hasta que lo vemos perdido.

Este libro te mantendrá, estimado lector, en una constante alerta. Una vez que lo tomes, no podrás dejar de leerlo.

Es un poema a la vida

Dr. Héctor Salama Penhos,
Director de la Universidad Gestalt de América

El Esclavo

Uno

Cuando recuperé el sentido, me di cuenta de inmediato de que algo andaba muy mal.

Una luz frente a mí hería mis ojos sin que fuera yo capaz de siquiera parpadear. Intenté desviar la mirada, intenté mover los brazos para tapar mi rostro con las manos sin lograrlo.

Mi cuerpo entero estaba totalmente paralizado y era recorrido por dolor y frío como jamás los había sentido.

Intenté también gritar y pedir ayuda pero todo fue inútil, algo entraba por mi boca y quemaba mi garganta a la vez que un horrible ruido lastimaba mis oídos.

Pasaron varias horas en las que lo único que ocupaba mi mente era una terrible desesperación. De la desesperación pasé al terror cuando algunos pensamientos lograron filtrarse a través del dolor a mi mente...

–¿Dónde estoy?

–¿Qué me está pasando?

–¡Estoy muerto!

La mezcla de dolor, terror y estos pensamientos, ocasionaron que perdiera el sentido. Gracias a Dios porque ya no soportaba más.

No sé si pasaron horas o días para que volviera en mí.

Seguía inmóvil, con los ojos completamente abiertos. El dolor había disminuido un poco, la luz frente a mí cegaba mis ojos pero era soportable, entonces fui capaz de darme cuenta de que el terrible ruido era una especie de respiración forzada, profunda y fuerte... no era mi respiración, de eso estaba seguro.

La disminución del tormento físico abrió la puerta a otro tipo de sufrimiento: la

confusión en mi mente y la urgente necesidad de respuestas.

–¿Estoy realmente muerto?

–¿De quién es la respiración que escucho?

–¿Qué es esto que siento en mi boca y que
raspa mi garganta?

Poco a poco fui recuperando recuerdos
de lo que yo pensaba era el día anterior;
la fiesta, los tragos, la discusión con Laura y la
insistencia de Eduardo para que probara esa
estúpida droga que le resultaba fascinante.

–Mi amor ya deja de tomar por favor...
¿Qué no ves que te estás matando? –me
gritaba Laura–. ¿Es eso lo que quieres?

–No quiero matarme, lo que quiero es
escapar.

–¿Escapar de qué? Estás loco.

–Sí, estoy loco y tú no me entiendes... nadie
me entiende...

Llevé a mi boca el par de pastillas azules
que acepté de Eduardo. Eso es lo último que
recuerdo.

–¡Hay Dios mío! Por fin lo logré, acabé con mi vida. ¡No puede ser!... ¿qué me pasa? ¿Por qué no puedo moverme? ¿Por qué no puedo cerrar los ojos?

–Ese imbécil me envenenó –pensaba–. Estoy en el infierno pagando por todo lo que hice... Es mucho peor de lo que me imaginaba.

Yo no creía en la vida después de la muerte pero en ese momento no encontraba otra respuesta.

–¡No Dios, perdóname por favor!... dame otra oportunidad...

El sonido de una puerta que se abría interrumpió mis pensamientos, distinguí entonces una voz femenina:

–¡Pero qué ruido hace esta mierda –comentó.

–Es el único que tenemos, ya sabes como están las cosas aquí –le contestó un hombre.

–¿Cómo es posible que tengamos sólo un aparato de respiración artificial?

–Pues así es, y hay que hacer lo mejor que podamos con lo que tenemos.

–Y a éste, ¿qué le pasó?

–¿Éste?... Éste ya se jodió. Destápalo para que lo veas.

Sentí cómo retiraba de mi rostro una sábana y pude ver a una mujer vistiendo una bata blanca con una expresión entre asombro y temor.

–¡Está despierto! –gritó.

El hombre junto a ella se inclinó a verme.

–Que va, así lo trajeron, cuando llegó a urgencias dijeron que había tenido un accidente, estaba completamente intoxicado pero aún consciente, repetía una y otra vez: "Laura, Laura, perdóname."

Después cayó en coma y en una especie de *Rigor mortis*, no pudieron cerrarle los ojos.

–Pobre imbécil, más le hubiera valido haberse muerto.

–¡Más nos hubiera valido a nosotros! Ahora tenemos que mantenerlo vivo como un vegetal, ocupando una cama que otros necesitan y gastando energía.

–Pero... ¿Puede ver, oír... siente?

–Claro que no, mira...

Vi como movía un tubo cerca de mi cama y sentí una terrible punzada en el brazo.

–¡Eso duele idiota!... ¡estoy vivo! Estoy consciente. ¡¡Ayúdame!! –traté inútilmente de gritarle.

–Aprovecha para cambiarle el suero –dijo el hombre–. Alguien tiene que regar las plantas.

Los dos soltaron una carcajada y yo me quedé lleno de rabia y desesperación.

Salió el hombre de la habitación, la mujer cambió un frasco que colgaba junto a mi cama y salió apresurada.

Ya tenía algunas respuestas... la conversación se repetía una y otra vez en mi mente:

¿Un accidente?...

¿Cayó en coma?...

¿Laura, perdóname?...

...Alguien tiene que regar las plantas,

...regar las plantas...

..las plantas.

Dos

Los primeros días pude explorar la habitación en la que estaba. En realidad, exploraba la parte del cuarto que abarcaba mi campo visual inmóvil.

Había en el techo una lámpara destartalada de luz neón que parecía que estaba a punto de caer.

A la derecha de mi cama había un gancho del que colgaba un frasco de suero, que la enfermera cambiaba todos los días. Más a la derecha alcanzaba a ver un tubo que contenía un fuelle negro que bajaba y subía al ritmo de lo que, ahora, identificaba ya como "mi respiración."

Del lado izquierdo distinguía un complicado aparato con varios interruptores, focos y gráficas. Después me enteré de que estaba encargado de controlar mi respiración, los latidos de mi corazón y los nutrientes que me eran suministrados a través de un tubo que iba directo a mi estómago.

Detrás del aparato se veía parte de la ventana que era para mí un tormento. La luz que entraba todas las mañanas, lastimaba mis pupilas, me despertaba y me traía siempre de regreso al infierno en el que me encontraba.

El dolor físico no era nada comparado con el dolor que me causaban mis propios pensamientos. La impotencia, la culpa, el rencor, el miedo y la imposibilidad de expresar mis emociones, todo se juntaba en mi mente y me enloquecía.

Cada día rogaba por no volver a despertar, porque esa máquina que me mantenía vivo dejara de funcionar y acabara ya con mi sufrimiento.

¿Quién le daba el derecho a estos doctores de mantenerme aquí? ¿De qué puede servir ya mantenerme vivo? ¡Soy una maldita planta incapaz de moverme o de expresarme!

La impotencia se apoderaba de mí y se convertía en odio. Odio por los que mantenían vivo, odio por la vida misma.

La enfermera tenía razón, más valdría haberme muerto. Y, sin embargo, todos los días entraba con su cara de miedo a cambiar el suero que me alimentaba. A pesar de que me creía inconsciente nunca me miraba a los ojos. Checaba apresuradamente todos los tubos que iban de mi cuerpo a la máquina y salía lo más rápido que podía.

Cada día que la veía llegar le rogaba, en mi mente, que se olvidara ya de cuidar de mí. ¿Qué no se daba cuenta de que no me hacía ningún favor manteniéndome vivo?

–¡Hey! ya deja eso por favor –le suplicaba mi mente–. Si te da tanto miedo verme, ya no vengas más, simplemente déjame morir...

Pero una y otra vez la veía hacer su rutina y dejarme aquí... vivo. Una y otra y otra y otra vez...

–¡Maldita sea, ya que se acabe esto! ¡Por favor alguien haga algo, alguien que me ayude! ¡Ya no quiero seguir viviendo!

–*Más vale que te vayas acostumbrando, porque parece que vas a estar ahí un buen rato* –oí de repente que alguien me hablaba.

Pero... no había nadie en la habitación.

–*En qué situación tan jodida te metiste*–, la extraña voz insistía.

–¿Quién eres? ¿Eres un ángel? –contesté asustado. De alguna forma me daba cuenta de que la voz no provenía del exterior.

–*¡Ja!, ¿eras el peor de los ateos y ahora crees en Dios y en toda su corte celestial? No juegues.*

–Pero... ¿cómo puedes saber lo que estoy pensando? ¿Me volví loco?

–*Eso es más probable.*

–Entonces, ¿no eres real?

–*Mira... no puedo decirte nada que tú no sepas ya. Tal vez, después sabrás quien soy.*

–Pero... ¿Laura está bien? ¿Por qué no vienen mis padres a verme? ¿Cuándo voy a morir? ¿Es esto un castigo?

–*¡Qué necio eres, hombre! Nada sé yo que tú no sepas.*

–Pues de poco me sirves entonces.

–*Si tú quieres me voy.*

–¡¡¡No!!! Por favor, no te vayas.

En ese momento recordé que Laura siempre hablaba de guías espirituales, con los cuales uno puede comunicarse si medita lo suficiente. Eso a mí me parecían patrañas.

–*A mí también me lo perecen* –contestó la voz –*pero lo de "guía" me gusta.*

¿Podía acaso, un guía espiritual ser tan sarcástico y grosero?

–*Mira... si no te caigo bien, me voy y se acabó.*

–No, no te molestes, sólo quiero comprender lo que pasa.

–*Mejor hubieras tratado de comprender lo que pasaba antes de la estupidez que cometiste.*

–Sólo quería escapar y librarme de mis problemas.

–*¡Ja! querías escapar de tus problemas y te convertiste en un esclavo.*

–¿Un esclavo?

–*Así es, no tienes voluntad en absoluto, no puedes moverte ni expresarte; es más, no podrías quitarte la vida si quisieras.*

–Y tú has venido a hacerme sentir peor –le contesté.

–*¿Que he venido? Yo siempre he estado contigo, el problema es que nunca me quisiste escuchar. Además, nadie puede hacerte sentir nada.*

–¡Qué estupidez! ¿cómo que nadie puede hacerme sentir nada? Mis padres siempre me hacían enojar, mis hermanos me hacían sentir menos, mis parejas constantemente me desilusionaban y herían.

–*Mira, te lo voy a explicar mejor... Antes de estar aquí, eras completamente libre, nadie ni nada tenía poder sobre ti. Tenías la oportunidad de hacer cualquier cosa que te propusieras, eras el dueño de tu vida.*

–Y ¿qué tiene eso que ver con mis sentimientos?

–*Calma, ¿qué prisa tienes? Después de todo tenemos mucho tiempo para pensar y platicar.*

–Te digo que eres un sarcástico.

–*Continuemos. Eras libre también de pensar lo que tú quisieras y, por lo tanto, de elegir tus sentimientos.*

–¿Cómo que elegir mis sentimientos?

–*Si, tus sentimientos vienen y sólo pueden venir de tus pensamientos, así es como funciona:*

Piensas en algo triste y te pones triste, piensas en algo que te molesta y te enojas, crees que los demás pueden herirte o desilusionarte o hacerte sentir mal pero, nadie puede meterse en tu mente y hacerte pensar ni sentir nada.

Aún en este momento, los demás podrán mover tu cuerpo y hacer lo que quieran con él, incluso, podrían apagar esa máquina que te mantiene vivo pero, en tu mente, aún tienes el control.

–Dijiste que no podías decir nada que yo no supiera ya.

–*Pues lo único que prueba esto, es que no eres tan tonto como pensabas.*

–Otra vez los insultos.

–*No es un insulto, en realidad te creías un tonto, además te creías una víctima, siempre culpando a los demás y a las circunstancias de lo que iba mal en tu vida.*

–Pues sí, mi vida no era fácil, además con la familia que me tocó y para acabar, tuve mala suerte.

–*¡Hay, pobrecito de ti! Cuando hablas así, te imagino como un esclavo de tu pasado, de los deseos de otras personas, de las circunstancias y de la suerte.*

–¿Qué se supone que yo tenía control de todo lo que pasaba? ¿Qué se supone que yo podía controlar a los demás?

–*No tenías control sobre lo que pasaba, pero tenías y tienes control sobre lo que pasa en tu mente. Tú eres quien decide qué pensamientos tener y cómo reaccionar ante cualquier situación.*

–Sí como no, ¿cómo podía yo reaccionar de forma positiva ante todos los problemas que tenía?

–*Tenías la opción de verlos como problemas o como obstáculos a vencer, como una maldición o como un reto. ¿Si tú no eras quien decidía como reaccionar, ¿quién lo hacía?*

–Ya me estás haciendo enojar, así que ¿el único culpable de todo lo que me pasa soy yo?

—*Tú mismo te estás haciendo enojar, además, no se trata de culpar a nadie. Sin embargo, dime... ¿quién movía tu mano aquella vez que le pegaste a Laura? ¿Quién la movía cuando te servías una copa tras otra? ¿Quién puso en tu boca esas pastillas que te trajeron aquí?*

Me sentía a punto de estallar, supongo que expresar nuestras emociones nos sirve como una válvula de escape y yo no podía ni llorar siquiera, estaba furioso por lo que me decía *mi guía* y lo peor, es que tenía razón en todo.

Por suerte, algo sucedió que distrajo mi atención: la puerta se abrió y entró una enfermera. Esta vez, no era aquella mujer fría que acostumbraba cambiar el suero que me alimentaba.

Se acercó a mi cama y se inclinó para verme.

Noté mucha tristeza en sus ojos verdes, su pelo rubio caía constantemente sobre su rostro y ella lo empujaba con sus dedos hacia atrás de las orejas. Estuvo observándome por unos segundos y pude leer su nombre en el gafete del hospital: Esperanza.

–Hola –me dijo.

–Hola Esperanza –imaginé contestarle.

–Pobrecito de ti, mira como estás.

–Pues ya ves como es la vida –seguía yo la conversación en mi mente.

Me acarició el pelo y me dijo –no te preocupes, yo te voy a cuidar.

–Muchas gracias –pensé.

*–Ella está mucho más cerca de ser un ángel que yo –*comentó mi guía– *¡además es linda!*

Cuidadosamente cambió el suero, arregló los cojines bajo mi cabeza y revisó que los aparatos a mi alrededor, funcionaran correctamente.

–Hasta mañana –dijo, antes de salir.

–Hasta mañana –imaginé contestarle.

*–¡¡¡Hasta mañana guapa!!! –*gritó mi guía en mi cabeza.

TRES

Aquella noche tuve un sueño extraño: era yo un títere de madera con varios hilos que salían de mis pies, manos y cabeza. En el otro extremo, diferentes personas tomaban turnos para moverme; vi a mis padres, a uno que otro maestro, al padre de la iglesia y a una exnovia.

Todos reían haciéndome brincar y bailar, me ponían en posiciones ridículas y me obligaban a gesticular como un mico.

En mi sueño, yo sabía que podía romper fácilmente los hilos pero prefería dejarlos que me manipularan. Supongo que era más fácil dejar a otros elegir por mí, que hacerme responsable de mí mismo.

Cuando todos se cansaron de jugar conmigo, me dejaron tirado en el suelo, el suelo se convirtió en cama y pude ver después la lámpara del cuarto... había despertado.

Dormir con los ojos completamente abiertos era de lo más extraño; me era difícil conciliar el sueño todas las noches y en las mañanas me costaba algo de trabajo saber cuando acababan los sueños y empezaba la realidad.

Algunas veces me daba cuenta de que estaba soñando porque podía moverme o porque no estaba en ese horrible cuarto de hospital. Entonces, corría para alejarme lo más posible y deseaba no despertar jamás. Sin embargo, día tras día, me encontraba viendo la lámpara, el techo, el fuelle negro subiendo y bajando y el aparato que me mantenía en esta interminable pesadilla.

Se abrió la puerta y vi entrar a Esperanza, llevaba en la mano un recipiente de plástico con agua.

–Buenos días –dijo.

–Buenos días –siempre le contestaba en mi mente.

–Hoy te toca baño.

–¡No, por favor, qué pena!

Me quitó de encima la sabana y después me despojó de la bata blanca que cubría mi cuerpo desnudo. Me llené de impotencia y vergüenza. En realidad, era yo el títere de mi sueño y los demás hacían de mí lo que se les antojaba.

Algo en su mirada me tranquilizó, supongo que no veía en mí a un hombre desnudo sino, a un paciente como muchos otros que ella atendía.

Metió una esponja en el recipiente y empezó a limpiar mi rostro...

–Mírate, eres tan joven.

¿Por qué me hablaba? ¿Acaso sabía que podía escucharla?...

–Además no eres feo –sonrió tímidamente y se sonrojó un poco.

–Espero que no estés consciente, pobrecito.

–¡¡¡Estoy consciente!!!

–Ojalá te hayas ido ya, y que lo único que quede aquí sea tu cuerpo.

–¡¡¡No, maldición!!! ¡Estoy aquí y puedo escucharte y verte!

–Si estás ahí adentro, me imagino que te sentirás muy solo.

Se quedo pensativa por unos momentos y una lágrima rodó por su mejilla.

–Yo también estoy muy sola, sabes, mi esposo murió hace unos años –continuó, mientras secaba las lágrimas con la manga de su bata blanca–, desde entonces, me siento como paralizada, llena de miedos y de inseguridades –seguía su monólogo, mientras limpiaba mi cuerpo con la esponja–. Supongo que, de alguna forma, a todos nos paralizan nuestros miedos, nuestros resentimientos, la preocupación o nuestros traumas...

–No me hables de traumas que eso es lo que me trajo aquí –pensé.

–Me gustaría ser más valiente y atreverme a hacer tantas cosas. No sé, tal vez seguir mis estudios o buscar otra pareja, en fin, tantas cosas. Pero no puedo.

Terminó de limpiar mi cuerpo y mientras volvía a ponerme la bata, me di cuenta que, de todo lo que había perdido, el contacto humano era lo que más extrañaba. Quisiera decirle que no se fuera, que siguiera hablándome un poco más.

–Debo seguir trabajando pero te veré otra vez cuando venga a cambiar el suero.

–No te vayas por favor, quédate un ratito más.

Acarició mi pelo una vez más y me miró unos segundos con gran compasión.

–Seguro tus familiares te andan buscando y no tardarán en venir a visitarte. Llegaste aquí sin ninguna identificación y ni siquiera sabemos como te llamas.

Salió de la habitación y yo me quedé solo otra vez, como todos los días. Tenía razón, me siento muy solo aquí adentro y... ahora puedo entender que todo es culpa mía.

–*La culpa es un sentimiento inútil* –oí una vez más la voz de mi guía.

Lo que fue para mí una gran alegría, porque, a pesar de que me enojaba por lo que me decía, hablando con él, pasaba mejor el tiempo en "la cárcel de mi cuerpo".

–Claro que todo es culpa mía. Si yo acepto que no era un títere de las circunstancias, entonces el culpable de todo lo que me pasa... ¡Soy yo!

–*Esta es una vida llena de contradicciones, naces libre pero debes trabajar en conservar tu libertad y debes hacerte responsable de ella. Tú por ejemplo, estás vivo pero no lo estás al mismo tiempo, los doctores te creen una planta pero estás consciente. Esperanza en cambio, tiene todo, las posibilidades de hacer lo que se proponga, pero se siente paralizada, como tú.*

–Dijo que por sus traumas.

–*La palabra trauma viene del griego y significa herida.*

–Sí, eso lo leí en un libro de psicología.

–*Claro que lo leíste si no, no podría yo decírtelo ahora, pero no me interrumpas... Esta es la primera contradicción de la vida:*

El ser humano nace totalmente libre pero totalmente dependiente. De hecho, de todos los animales, es el que requiere más atención por parte de sus padres.

El niño sabe que, si sus padres no lo cuidan... ¡se muere! Entonces el amor se convierte para él, en una cuestión de vida o muerte.

Ahora bien, cuando el niño va creciendo, no sabe nada en absoluto y... ¿de quién crees tú que aprende todo sobre la vida?

–De sus padres.

–*Claro está. Si tú llegaras a un planeta desconocido y vieras como todos los habitantes se golpean entre sí, llegarías a la conclusión de que eso es lo normal.*

–Como el desgraciado de mi padre, que nos pegaba a todos.

–*Ahora bien, el niño nada sabe tampoco acerca de sí mismo y... ¿de quién crees que aprende todo sobre él?*

–También de sus padres, obviamente.

–*Así es, el niño cree que estos dos seres poderosos de los que depende su vida, lo saben todo y siempre tienen la razón. Cuando tu padre te decía: "Eres un idiota y no sirves para nada" tú lo creías.*

33

–¡Claro que no!

–¿No? *¿Qué te decías a ti mismo cuando cometías un error?*

–Soy un idiota.

–*Y ¿qué te decías cuando volvías a beber y te habías propuesto dejar de hacerlo?*

–No sirvo para nada.

–*¡Ahí está! El niño además, copia de sus padres la forma de relacionarse con todo lo que le rodea. Si el padre cree que todos los seres humanos son malos, el niño también lo creerá. Si la madre siempre está preocupada o llena de angustia, el niño también se sentirá así.*

–Así es como empezamos a amarrarnos hilos en pies y manos, ¿no es cierto?

–*¡Exacto! Y en esta relación empiezan nuestros traumas o nuestras heridas. Cuando eras un niño pequeño y cometías un error, tu padre te insultaba o a veces te pegaba, tú creías que eras malo, eso te hería más que los golpes. Cuando tu madre te decía que si no te portabas bien ya no te querría, te hería también y te llenaba de angustia.*

–Entonces, ¡ellos tienen la culpa de todo!

–No señor, no seas necio. Ellos también tienen heridas y ellos hacían lo mejor que podían con los conocimientos que tenían. Ellos también lo aprendieron de sus padres y sus padres de sus padres.

–Es un círculo vicioso.

–Un círculo que se puede romper.

–¿Sí? ¿Cómo?

–Dejando de buscar culpables. Mira, la culpa es, en realidad, miedo a ser rechazado por los demás. Un miedo fundado en que cuando eras pequeño, si tus padres te rechazaban, tu vida estaba de por medio.

Tus padres usaron la culpa para que hicieras lo que ellos creían era lo correcto: "si no comes bien, eres un niño malo", "si te portas mal, ya no te quiero", "a la gente no le gustan los niños que dicen mentiras o que son groseros."

–Pero... ¡Funcionó!

–Claro que funcionó. La culpa es excelente para controlar a los demás.

–Pero, sin culpa todos haríamos lo que se nos pegara la gana y nos andaríamos matando unos a otros.

—*Por eso digo que la culpa es un sentimiento inútil, pues con culpa y todo, los hombres se están matando unos a otros. En lo que ha fallado el hombre es en hacerse responsable de sí mismo y de su libertad.*

La persona que logra aceptar la responsabilidad de su vida, se da cuenta de que ella es quien construye su destino y sabe que cada decisión que toma moldea su futuro; acepta la responsabilidad de todos sus actos pero comprende que, como no es perfecto, podrá cometer errores y en ese caso, no se culpa; si se puede remediar, hace algo al respecto; si no, sabe que independientemente de cuánta culpa sienta por lo que pasó, nada va a cambiar.

Con traumas y todo, con heridas y todo, el hombre tiene la posibilidad de hacer que su vida vaya mejor o destruirse a sí mismo.

—¡Cómo yo, maldita sea! Ya no digas más. ¿De qué me puede servir saber esto ahora? ¡Aquí estoy como un monigote sin poder siquiera desahogar esta terrible rabia y tristeza que siento!

—*Aún ahora eres libre de elegir tus pensamientos y tus sentimientos.*

–Bien, pues en este momento elijo ¡¡¡que te calles!!! Elijo sentirme desgraciado, elijo llenarme de tristeza de odio y rencor.

Si mis padres hicieron lo mejor que pudieron, realmente, no hicieron nada bien.

Era yo libre para hacer de mi vida lo que yo quisiera y elegí tomar y drogarme, elegí acabar aquí como una maldita planta que piensa...

Hoy elijo, entonces, perder toda esperanza...

¡Lo único que quiero es dejar de pensar, dejar de existir!

Esos eran mis pensamientos cuando la puerta se abrió de repente.

–Hola otra vez, no te vas a librar de mí tan fácil –dijo Esperanza después de cerrar la puerta, como si hubiera podido escuchar mis pensamientos.

Se acercó a mi cama y comentó –te tengo buenas noticias, parece ser que tus padres ya te encontraron.

–No, no puede ser.

–Vendrán más tarde a verte –dijo mientras cambiaba el frasco de suero. –Va a ser muy duro para ellos verte así...

–No, ¡maldición! No quiero que vengan.

–...por lo que pensé arreglarte un poquito –sacó de su bolsillo un pequeño peine y comenzó a arreglar mi cabello. Siempre que me tocaba lograba tranquilizarme.

–¿Por qué haces esto? ¿Por qué cuidas tanto de mí si ni siquiera me conoces?

–Yo no soy muy creyente, sabes –comentó –pero creo que hay un Dios que cuida de nosotros.

–Sí como no, por eso permite que esté yo en este infierno.

–No sé por qué le pasan cosas malas a la gente –continuó–, pero creo que Dios cuida de nosotros a través de nosotros mismos. Por eso soy enfermera. Me imagino que le ayudo a Dios a cuidar de otros.

A veces pienso que, en su desesperación, la gente dice: "Dios mío, ¿por qué no me ayudas?" Pero en realidad, Dios está en la gente buena que ayuda a los demás.

Soltó una risa tímida y a mí me pareció como si se iluminara el cuarto.

–Bueno... ya quedaste, me voy antes de ponerme más cursi.

Esta vez fue más adelante: me dio un beso en la mejilla y salió de la habitación apresuradamente.

¡Vienen mis padres!

Mi guía tiene razón, ésta es una vida llena de contradicciones, los extraño tanto y al mismo tiempo estoy lleno de rencor hacia ellos. Tengo tantas ganas de ver a mi madre pero sé que verme así le causará mucho dolor.

Ojalá pueda perdonarlos, ojalá puedan perdonarme. ¿Vendrá Laura con ellos?

Llegó la noche mientras yo seguía con mis pensamientos mezclados sobre el perdón, la culpa y el rencor, hasta que no pude más y me quedé dormido.

CUATRO

—Anda hijito, apúrate para que no llegues tarde a la escuela.

–No me gusta la avena mami.

–Cómetela para que tengas fuerzas para estudiar y jugar.

–Y para que pueda andar en bici, porque... ¿Me vas a enseñar el sábado, verdad? Recuerda que lo prometiste.

–Claro que sí m´hijito.

Terminé mi desayuno cuando sonó el claxon del camión escolar que venía a recogerme. Mi madre volvió a retocar mi peinado, revisó mi uniforme, me dio mi lonchera y me despidió con un beso en la mejilla.

Corrí hacia la puerta de la casa y al abrirla la luz del sol me deslumbró, poco a poco mis pupilas se fueron acostumbrando a la intensa luz y pude distinguir el rostro de mi madre, pero no joven y tranquila como en el sueño del que acababa de despertar, sino en su edad actual y con una expresión de profunda tristeza. Constantemente secaba sus ojos con un pañuelo.

Distinguí también a mi padre parado detrás de ella con su típica expresión de seriedad y fortaleza, ni siquiera en esta situación se permitía mostrar sus senti-mientos, apoyaba su mano en el hombro de mi madre tratando de consolarla.

–Hijito mío, por Dios, ¡contéstame! – su-plicaba mi madre.

–Los doctores dicen que no puede oírte, trata de calmarte –le decía mi padre.

–¿Cómo es posible que te haya pasado esto hijito? ¿Por qué? ¿Por qué? –empezó a gritar y a golpearme en el pecho desesperada.

Mi padre la forzó a levantarse y la abrazó fuertemente contra su pecho para calmarla. –Tienes que calmarte mi vida –le suplicaba.

–¿Cómo quieres que me calme? ¡Mira a nuestro hijo está como muerto! –gritaba a la vez que trataba de alejarse de mi padre.

–¡Es nuestra culpa! –fue lo último que dijo antes de desmayarse.

Mi padre la sostuvo entre sus brazos, la recostó en un sillón que había junto a la puerta y salió apresuradamente a buscar ayuda.

–Mamita ¡perdóname! Nunca quise causarte tanto dolor, no es tu culpa, tú siempre cuidaste de mí y de mis hermanos.

Mi madre empezó a volver en sí justo cuando regresaba mi padre acompañado de Esperanza.

–Le voy a aplicar un calmante –le dijo.

Preparó una jeringa y le aplicó una inyección en el brazo.

–No puede ser, no puede ser... –repetía mi madre mientras seguía recostada en el sillón.

–Estará bien –dijo Esperanza y se retiró.

Nunca antes vi a mi padre tan afligido, estaba desesperado, veía a mi madre abatida y se volvía para verme, cerró los puños y pude oír como rechinaban sus dientes de tanto que apretaba la mandíbula, reconocí la mirada que tenía cuando estaba a punto de golpearnos. Sentí mucho miedo pero... algo sucedió. De pronto, se llevó las manos a la cara, se hincó a un lado de mi cama y empezó a llorar.

Era difícil para mí creer que estaba presenciando esto, mi padre siempre fue muy duro con nosotros. Sabía que nos quería porque nunca nos faltó nada pero, era muy difícil para él expresar sus sentimientos.

Pasó un largo rato llorando y repitiendo: "no es posible, no es posible"...

–Hijo mío, lo siento –me decía mientras ponía mi mano entre las suyas–. Te quiero mucho ¿sabes?

–No padre, no lo sabía.

–Siempre fui muy estricto con ustedes porque a mí me enseñaron que lo más importante era la disciplina. Así fue la educación que yo recibí y la vida fue muy dura conmigo.

–Ahora entiendo papá, que hacemos siempre lo mejor que podemos.

–Siempre me fue muy difícil expresar mis sentimientos, pensaba que el darles todo lo material demostraba mi amor. Ahora, sé que no es así.

–No sabes cuánta falta me hacía oír esto. Y no sabes cuántas ganas tengo de abrazarte y besarte –quise decirle.

–Siempre estuve escondido tras una máscara de fortaleza –continuó– y no es hasta ahora, que estás aquí inmóvil y tal vez no puedas ni escucharme, que te puedo expresar lo mucho que te quiero. Sé ahora, que es un grave error. A veces actuamos como si tuviéramos la vida comprada, como si nuestros seres queridos fueran a estar con nosotros por siempre. Tal vez debí ser más amoroso, tal vez debí abrazarte más y exigirte menos. Tal vez todo esto es culpa mía. Pero... ¿qué podía yo hacer hijito? Tú sabes que siempre busqué lo mejor para todos ustedes.

–Ahora lo sé, papá. No te culpes más por favor.

–Siempre me repetías que te dejara en paz, que te dejara vivir tu vida, pero... yo me desesperaba al ver que perdías tu tiempo y afectabas tu salud. Tal vez hubiera sido mejor tratar de entenderte y hablar contigo; sin embargo, mi padre decía que la letra con sangre entra, ¿te imaginas? Así es como yo aprendí... ahora sé que está mal. Lo siento mucho.

No pudo hablar más y juntó su frente a sus manos mientras estrechaba la mía y lloraba sin cesar.

Ni él ni yo nos dimos cuenta de que mi madre se había levantado y lo observaba extrañada, no sabía si era verdad lo que veía y escuchaba o era efecto de la droga que le habían administrado.

Llena de compasión se hincó junto a él, lo abrazó y lo besó en la frente. –Hay que ser fuertes m´hijo –le decía–. Dios nos va a ayudar.

El resto de la tarde la pasaron junto a mí, ya no hablaban, simplemente se miraban uno al otro y cuando uno lloraba, el otro trataba de consolarlo.

Esta escena trajo a mi mente el recuerdo de aquella vez que estuve en cama con calentura y mis padres se turnaban para cuidar de mí.

Poco a poco fueron llegando a mi mente recuerdos de todos los cuidados de mi madre y de todas las enseñanzas de mi padre.

Gracias a ellos aprendí a caminar, a hablar, si ellos no me amaran nunca hubiera sido posible para mí sobrevivir.

¿Cómo es que me doy cuenta hasta ahora de lo mucho que me aman mis padres, ahora que no tengo oportunidad de decirles cuánto los amo y cuánto agradezco todo lo que me han dado?

¿Cómo es que caí en el juego de culparlos por todo lo que iba mal en mi vida? ¿Cómo es que nunca pude ver que detrás de ellos había una historia de penas y alegrías que había formado su manera de ser?

–*Te faltó tener compasión* –oí una vez más la voz de mi guía–. *Estabas tan disgustado con ellos y los culpabas de todo lo que te pasaba, que no podías, siquiera pensar en todo lo bueno que te daban.*

Cuando aceptas que eres libre, que eres el único responsable de que tu vida marche mejor, te das cuenta de que todos hacemos lo mismo y no tienes más remedio que tener compasión por los demás y no me refiero a sentir compasión entendida como lástima sino, como ponerte en los zapatos de otros y tratar de entender sus motivos.

Cuando dejas de culpar a los demás de lo que te pasa, recuperas todo tu poder. Piensa en esto: si tú eres el responsable de tu vida, en ti están todas las respuestas que necesitas.

–Lo entendí demasiado tarde.

–*Tu padre tiene razón, nadie tiene la vida asegurada, en realidad, no tenemos tiempo que perder. El amor que no des hoy no lo darás nunca, si no expresas tu cariño a tus seres queridos hoy, mañana puede ser demasiado tarde.*

–Hoy es ya demasiado tarde.

–*Sé fuerte.*

La puerta se abrió y entró Esperanza.

–Siento mucho molestarlos pero la hora de visita terminó –les comentó a mis padres.

–No, señorita un ratito más, por favor –suplicó mi madre.

–Lo siento señora, las reglas son muy estrictas a este respecto.

–Vamos mi amor, mañana volveremos –le dijo mi padre mientras le ayudaba a levantarse y ambos se encaminaron a la puerta.

–Señorita, disculpe, ¿cuánto tardará en despertar? –Preguntó mi madre.

–Señora, ya hicimos lo mejor que pudimos. Ahora, todo está en manos de la vida. Como puede reaccionar en un día, puede que no reaccione jamás.

Mi madre recibió esta noticia como una cubetada de agua fría. Supongo que, ingenuamente pensaba que todo estaría bien en cualquier momento.

Mi padre volvió a abrazarla fuerte y la ayudó a salir de la habitación, sus piernas apenas la sostenían. La puerta se cerró tras ellos.

Esperanza se volvió hacia mí y me dijo –pobres, la vida está llena de cosas difíciles y no podemos más que afrontarlas. Pareció muy cruel lo que les dije pero pienso que sería más cruel llenarlos de falsas esperanzas.

–Tal vez tengas razón –pensé para mis adentros.

Esta vez, estuvo muy callada, simplemente cambió el suero, se sentó junto a mí por unos momentos y salió de la habitación sin despedirse.

–Dios mío ayuda a mis padres, ya no te pido por mí, haz de mí lo que quieras, pero... por favor, dales fuerza para salir adelante.

Cinco

En los días siguientes comprobé lo que mi guía me dijo sobre la libertad. Somos realmente libres, eso significa que podemos cometer errores y que podemos afrontar las consecuencias de nuestros actos.

Ser libres significa también, que creamos nuestro futuro con cada decisión que tomamos, que el destino no existe, lo creamos en cada momento.

A pesar de que mis hermanos y yo habíamos recibido la misma educación, nuestros destinos eran muy diferentes.

Arturo, que era dos años mayor que yo, había tenido siempre éxito en sus estudios, supongo que él, en lugar de rebelarse como yo, decidió tomar lo bueno y aplicarlo en sus cosas; hoy era socio en una firma de arquitectos y su futuro era prometedor.

Lorena, un año menor que yo, se había casado hacía unos meses. Mi padre no aceptó a su novio; de hecho, le dijo que si se casaba con él se olvidara de que era su hija. Ella se mantuvo firme en su decisión y no se habían visto desde entonces.

Por último estaba Graciela, la consentida de la familia, tenía sólo ocho años. Cuando supimos que mi madre estaba embarazada fue una sorpresa para todos. Su nacimiento me trajo muchas alegrías. Era mi adoración y ella me quería mucho.

Poco a poco fueron mis padres aceptando la situación y yo también.

En los meses que pasaron, logré ver partes de mi familia que nunca había visto antes: el lado amoroso y tierno de mi padre, la gran fortaleza de mi madre, la unión que nunca sentí en mis hermanos.

Supongo que el verme totalmente indefenso e inmóvil traía a su mente la fragilidad de la vida y los enfrentaba con su propia vulnerabilidad.

Recuerdo cuando se encontraron Lorena, su esposo y mi padre en mi cuarto. No hubo necesidad de palabras, explicaciones, ni disculpas. Lorena corrió a abrazar a mi padre y él la recibió como diciendo: te extrañé mucho. Después se volvió hacia su esposo y le dijo, "Gracias por venir... yerno" y estrechó su mano. Eso fue suficiente para dejar en claro que mi padre respetaba ahora su decisión; que ahora, era más importante para él poder ver a su hija que tener la razón.

Qué terrible que tuviera que pasar una tragedia para que mi familia se uniera y empezara a expresar su amor, para que se dejara de resentimientos y complicaciones. Pero... ¿por qué es así? Si en realidad somos tan libres, ¿por qué no elegimos ser buenos con nosotros mismos y con los que nos rodean?

–*Por nuestras creencias.* –Una vez más, mi guía venía a enseñarme algo.

–¿Por las creencias? No entiendo –le contesté.

–*Nuestras creencias moldean nuestra existencia.*

Cualquier cosa que tú crees de ti mismo es cierta. Cualquier cosa que tú crees de los demás y cualquier creencia que tengas sobre lo que pasa a tu alrededor, es también la verdad... para ti.

–No entiendo nada.

–*Mira, todo lo que tú ves, sientes, oyes y vives es verdad para ti mismo, pero no para los demás. Tú vives las cosas que te pasan de una manera distinta a todo el mundo. Todos tenemos una forma distinta y única de ver la vida.*

–Es por eso que las discusiones casi nunca llegan a una solución.

–*Claro, discutir es querer que otra persona vea la vida como tú la ves y eso es... ¡imposible!*

Millones de personas –continuó– *mueren en las guerras porque sus líderes quieren imponer su forma de ver la vida a otros líderes. Basta que el presidente de un país quiera imponer su creencia de que un sistema económico es el adecuado, o de que todos deben de adorar a su dios, para que mande matar a todos los que se rehúsan a creer lo mismo.*

–Quince millones murieron en la segunda guerra mundial, es increíble –comenté.

–Así es, Hitler era un psicótico y logró convencer a toda una nación, de que pertenecían a una raza superior. Seis millones de inocentes sufrieron las peores atrocidades que la humanidad haya presenciado jamás.

–Pero, ¿qué tiene esto que ver con ser bueno con los demás? –pregunté.

–Tiene todo que ver. ¿Qué es lo que más extrañas en este momento?

–Mi salud, la capacidad de moverme, de poder expresar mis ideas y sentimientos. La posibilidad de convivir con mis seres queridos.

–Así es que... extrañas lo que ya tenías.

–¡Sí! Antes era para mí lo más natural, supongo que lo di por asegurado y no me permití siquiera comprender la bendición que era mi cuerpo.

—*Pues así también, damos por seguro las cosas más valiosas de la vida y andamos por ahí, buscando lo superficial, porque creemos que hay "algo" que nos haría felices si lo tuviéramos.*

—Sí, nos olvidamos de lo realmente importante: de nuestras relaciones, de lo que ya tenemos; siempre queremos más y más.

—*El ser humano tiene la creencia errónea de que necesita algo para ser feliz, no se da cuenta que, ¡¡¡tiene todo lo que necesita!!! No se da cuenta de que la felicidad es una forma de ver la vida, una actitud, una costumbre.*

—Tienes razón, mi vida estaba llena de bendiciones, pero yo siempre estaba insatisfecho —le contesté.

—*La mayoría de la gente lo está, siempre cae en el juego estúpido de acumular y acumular.*

Unos acumulan dinero y posesiones, otros conocimientos y títulos. Llenos de miedo a la pobreza, al qué dirán, a no ser una persona valiosa, no se dan cuenta de que, no es lo que tienen lo que los hace valiosos, sino lo que son.

—Es como una competencia. Yo recuerdo siempre querer ser mejor que los demás, tener mejor coche, ser más guapo. Hoy daría sin pensarlo, todo eso por simplemente poder abrazar a mis padres.

–*Sin embargo* –me interrumpió–, *es una competencia en la que nadie gana, porque todos somos únicos y diferentes. Se nos olvida que nada nos llevaremos y que los logros nada valen si no tenemos a alguien con quien compartirlos. ¿Puedes darte cuenta de que respondemos a creencias erróneas?*

Después de recapacitar un poco comenté:

–Me parece que tienes toda la razón, siempre andamos tratando de tener más, de hacer más, de lograr más, de ser más. No nos damos cuenta de que si nos detuviéramos un poco para disfrutar y agradecer lo que ya tenemos, lo que hemos logrado, lo que ya somos, seríamos felices en ese momento. Y, sin embargo... ¿por qué es así?, ¿cómo es que casi todos hacemos lo mismo?, ¿cómo es posible que olvidemos que lo más importante en nuestra vida son nuestras relaciones?, ¿por qué este afán de ignorar lo que tenemos y concentrarnos en lo que no tenemos?

–*Porque compartimos creencias erróneas.*

–¿Todos? ¿Cómo es posible?

–*Es posible porque vivimos en una sociedad neurótica, que propicia creencias equivocadas, que promueve valores falsos y que tiene mal establecidas sus prioridades.*

–Me parece difícil creer que todos estemos equivocados.

–¿*Difícil? ¿Cómo te explicas entonces las guerras? Mandar a nuestros propios hijos y hermanos a la muerte para defender nuestras ideas. ¿Cómo te explicas que la riqueza del mundo esté repartida entre el 10% de la población y el resto se muera de hambre? ¿Cómo puedes explicar entonces que la gente mate por dinero, que los padres pongan más atención a su trabajo que a sus hijos y a su propia familia? ¿Cómo entiendes entonces que estemos contaminando y destruyendo nuestro planeta, que es nuestra casa y que estemos aniquilando a casi todos los seres que lo habitan? ¿Cuál es entonces la razón de que veamos a los niños morir de hambre y no hagamos nada al respecto?*

–Está bien, está bien, ya te entendí... no te enojes.

–*Yo ya superé las emociones como el enojo. Lo que quiero que entiendas es que la realidad del mundo ha sido creada por el hombre y sus creencias. Creer que no hay suficiente para todos, nos ha llevado a crear una realidad de miseria. Creer que el dinero y el poder traen la felicidad nos ha llevado a alejarnos de nuestros hermanos. Pensar que nuestra vida depende de lo que pasa a nuestro alrededor nos ha hecho perder el control de nuestras vidas.*

–¿Quieres decir que nuestras creencias crean nuestra realidad?

–*¡Exacto! Lo que tú crees, tarde o temprano se manifiesta en tu vida.*

En eso estábamos, cuando escuché que alguien discutía detrás de la puerta de mi habitación...

Reconocí la voz de Esperanza que decía:

–No puede entrar señora, sólo cuando estén presentes los familiares.

–Pero yo no quiero ver a sus familiares, lo quiero ver a él –decía una voz femenina que no reconocí de momento–. Además, ¿no me hace esto su familiar? –continuó sin que yo pudiera saber a qué se refería.

–¿Es usted su novia? –preguntó Esperanza.

–¿Qué le importa? Déjeme pasar...

La puerta se abrió violentamente y ahí estaba ella, por fin... Laura había venido a visitarme.

Se acercó hasta la cama mientras Esperanza la seguía, tratando de detenerla. Al verme se puso tan pálida que creí que iba a desmayarse. Esperanza, al ver la expresión de su rostro, cesó en su intento de evitar que me viera y le puso la mano sobre el hombro para calmarla.

Se quedó inmóvil, simplemente viéndome como asustada, hasta que después de un rato explotó gritando:

–¡Maldito desgraciado! ¿Cómo pudiste hacerte esto? ¿Cómo pudiste hacerme esto? –Gritaba mientras su rostro se llenaba de lágrimas–. Y ahora ¿qué voy hacer? Mírame –decía a la vez que se llevaba las manos al vientre. Era obvio que tenía siete u ocho meses de embarazo.

Sentí que un escalofrío recorrió mi cuerpo cuando vi que se acercaba gritando, con la intención de arañarme el rostro... Por desgracia Esperanza la detuvo sosteniéndola de los brazos y alejándola de mí. Por desgracia, porque en ese momento entendía perfectamente su enojo y con gusto la hubiera dejado que me hiriera con tal de apagar su rabia... con tal de disminuir la culpa yo que sentía... con tal de que me tocara...

Esperanza apretaba fuertemente sus brazos mientras ella forcejeaba tratando de soltarse.

–¡Déjame, maldita sea, déjame! –gritaba y peleaba como loca.

–Trata de calmarte, te va a hacer daño, nada vas a lograr con esto –le repetía Esperanza una y otra vez.

–Poco a poco se fue calmando, dejó de pelear y permitió que Esperanza la abrazara. Para ese entonces dos elementos de seguridad del hospital estaban ya en el cuarto; dos hombres altos uniformados de blanco. Esperanza les indicó que todo estaba bajo control y que no era necesaria su presencia. Después de que los hombres se retiraron, les siguieron Laura y Esperanza hacia fuera de la habitación.

Varios sentimientos encontrados llenaban mi mente. Por un lado la alegría de saber que Laura se encontraba viva y por otro, la tristeza de verla sufriendo tanto. Además... ¡está embarazada! Ay Dios mío, ¿por qué ahora que nada puedo hacer?, ¿qué va ser de ella y del bebé?, ¿por qué me pasa esto a mí?

−Ay, ay... ¿por qué me pasa esto a mí? −repetía mi guía en tono burlón en mi cabeza−. *Las cosas no te pasan a ti, simplemente pasan...*

−¡Cállate maldito! ¿Cómo puedes burlarte de mi sufrimiento? −le contesté en mi mente... Sentía que estallaba de rabia y sentí un dolor muy intenso en el pecho...

–*No me burlo de tu sufrimiento, me burlo de tu arrogancia.* –Fue lo último que le oí decir antes de que me sucediera algo extraordinario...

SEIS

Por unos momentos, mi campo visual cambió por completo. Ya no me encontraba viendo hacia la lámpara destartalada del techo sino hacia abajo... ¡Me veía a mí mismo! Veía mi cuerpo inmóvil, débil y desgastado, veía mi cara demacrada con los ojos exageradamente abiertos y con una expresión de terrible angustia. Esa imagen me hizo comprender la razón por la que todos mis conocidos se aterrorizaban al verme.

Todo pasaba frente a mis ojos como en cámara lenta. Podía escuchar una alarma en el aparato junto a mi cama indicando que mi corazón se había detenido. Vi cómo dos doctores y varias enfermeras, Esperanza entre ellas, entraban apresuradamente a la habitación. Los veía preocupados revisando cables y moviendo interruptores.

Una sensación de inmensa paz y de completa indiferencia me invadió. En cuestión de segundos, recordé los momentos más importantes de mi vida... de hecho, no sólo los recordaba, sino que los volvía a vivir.

Y volví a vivir lo tierno y cálido de los brazos de mi madre cuando yo era un bebé, percibí su perfume y su mirada tierna, su cariño y su amor por mí.

Volví a vivir los momentos felices con mis seres queridos. Volví a escuchar las risas y a sentir la alegría de compartir con ellos mi vida.

En segundos recorrí todos los momentos especiales para mí: la primera vez que vi el mar, el calor del sol en mi piel, mi primer beso, el sabor de mi comida preferida, todos los paisajes hermosos que tuve la oportunidad de disfrutar, mi melodía favorita y el estar con Laura...

"Quisiera estar con Laura otra vez y conocer al bebé..."

Ese fue el último pensamiento que tuve en esos momentos maravillosos. Lo que siguió no fue nada agradable... después de una fuerte descarga eléctrica volví a sentirme en mi cuerpo, pude ver a un doctor inclinado frente a mí sosteniendo dos aparatos contra mi pecho. Un choque eléctrico más hizo que mi espalda se encorvara y que mi cuerpo se estremeciera sobre la cama.

–Tiene pulso –gritó alguien en el fondo.

–Los signos vitales se normalizan... lo recuperamos –comentó una de las enfermeras.

Mientras todos los que estaban ahí se retiraban entre sonrisas y felicitaciones, el doctor que aún estaba frente a mí, me miraba pensativo.

–¿Qué pasa? –se acercó Esperanza a preguntarle.

–No sé si hago bien o mal al mantenerlo vivo –contestó.

–Haces bien... ese es tu trabajo –le dijo Esperanza dándole dos palmadas en la espalda.

–No creo que dure mucho... a ver qué pasa –respondió con frialdad y alzando los hombros como diciendo: "ya no depende de mí."

Después de revisar que los aparatos alrededor de mi cama funcionaran correctamente y que mis signos vitales continuaran estables, el doctor se retiró pidiéndole a Esperanza que llamara a mis padres para informales lo sucedido.

A pesar de que el dolor y la incomodidad en mi cuerpo habían vuelto, aún conservaba la paz que me invadió momentos antes. Tenía además una claridad en mi mente que no había experimentado jamás. Era como si de pronto, todas mis preocupaciones, mis miedos y mis inseguridades hubieran desaparecido. Como si de pronto recobrara una gran sabiduría que había perdido. Como si hubiese podido ver, por unos segundos, una perspectiva más grande. Algo había cambiado en mí... yo había cambiado.

Todavía no me puedo explicar lo que pasó realmente. Tal vez mi cerebro aún recibía suficiente oxígeno para mantenerme vivo y todo lo imaginé, tal vez había alcanzado un estado superior de conciencia o tal vez, en efecto, había recibido una segunda oportunidad.

Realmente no importa, lo que quedó bien claro en mi mente es que mi deseo de estar con Laura y de ver al bebé me mantenían con vida. De alguna manera entendí que la única forma de estar en este mundo y con nuestros seres queridos, es a través de nuestro cuerpo. Que la única forma de ser yo mismo, es a través de mi mente. Que lo que yo soy, es una combinación historias, recuerdos, expectativas, creencias, gustos, experiencias, anhelos y deseos... todos únicos y todos irrepetibles.

Comprendí que esta vida es la única oportunidad que tenemos de ser nosotros mismos. Ya no me importaba tanto mi condición, la alegría de estar aquí y de poder participar de la vida, aunque fuera como un espectador, bien valía la pena.

—*Nada como una probada de la muerte para poder apreciar la vida* —escuché a mi guía—. *¿Sigues enojado?*

—Yo ya superé las emociones como el enojo —ahora era yo el del tono burlón.

—*¡Ja! Hasta de buen humor te pusiste.*

—Y cómo no estarlo, me acaba de suceder un milagro.

—*Así es, la vida es un milagro y una gran oportunidad. Es increíble que a la mayoría de la gente se le olvide. Se concentra en los problemas, en lo que le falta, en empresas inútiles, en preocupaciones estúpidas.*

Las personas se acostumbran a despertar cada mañana, a sentir los latidos de su corazón, a lo maravilloso de sus sentidos, a la posibilidad de expresar sus ideas, su amor, su individualidad y se olvidan de que cada uno de esos dones es un milagro en sí mismo. Reciben el regalo de la vida y no saben qué hacer con él, les aburre, lo desperdician.

—Es como si te ofrecieran un tesoro todos los días y no quisieras recibirlo, o como si lo recibieras de mala gana y no lo utilizaras —comenté.

—Es por eso que la muerte puede ser tu mejor amiga. Y no me refiero a obsesionarte con ella o a desearla o a deprimirte porque es inevitable, sino a recordar que todos tenemos los días contados, que en cualquier momento podemos dejar de existir. Si la gente tuviera esto en mente te aseguro que viviría mucho mejor. Cuando la muerte se hace presente, los problemas de la vida diaria no son tan graves, las preocupaciones no tienen sentido, las discusiones, el odio y el resentimiento desaparecen de nuestras relaciones porque queremos aprovechar al máximo el poco tiempo que tenemos.

—Parece que lo que me pasó, me hizo despertar.

—Lo expresaste a la perfección: ¡despertaste! Lo cual me da mucho gusto porque ya tienes una nueva perspectiva y por ello, a partir de hoy, nuestras conversaciones serán mucho más interesantes.

—¿Quieres decir que siempre había estado dormido?

71

–*Por así decirlo, sí. La mayoría de la gente vive en un sueño toda su vida y, lo peor de todo, que ni siquiera es un sueño agradable. No pueden ver más allá de lo que les han dicho que tienen que hacer. Son arrastrados por la rutina y no pueden escaparse de ella, atrapados en comportamientos que no les dan los resultados que buscan, en relaciones conflictivas que no los satisfacen, en búsquedas que no les pertenecen, en costumbres que desprecian.*

–Como si fueran unos robots programados para trabajar, para ser productivos, para conseguir lo que otros les han dicho que necesitan. Respondiendo de forma automática a lo que les han hecho creer.

–*¡Exacto! Respondiendo ciegamente a sus creencias. Creencias que les han sido impuestas y que no han puesto a prueba. Creencias erróneas que han sido pasadas de generación en generación como si fueran un defecto genético.*

–Pero... ¿cómo se puede uno librar de algo que ha creído toda su vida? ¿de algo que es considerado verdad por la mayoría de la gente? –pregunté.

–*Analizando las creencias y poniéndolas a prueba. La persona que quiere despertar y dejar de ser un esclavo de su educación, de la sociedad y de su pasado, necesita poner a prueba todo lo que cree. Esa es la única forma de recuperar la libertad. Por suerte, tú y yo tenemos aún la oportunidad de hacerlo.*

–¿Sí? y ¿para qué?

–*¿Todavía te importa el para qué?*

–No... viéndolo con calma, ya no me importa tanto el por qué ni el para qué.

SIETE

Esa misma noche fue a visitarme mi padre acompañado de mis hermanos Arturo y Lorena. Ya Esperanza les había informado de lo sucedido y esperaban al doctor de guardia para que les explicara los detalles.

Lorena se acercó a mi cama mientras mi padre y Arturo hablan en voz baja cerca de la puerta sin que pudiera yo escuchar lo que decían.

–Hermanito, hermanito... –me decía Lorena en voz baja llorando y sosteniendo mi mano.

–Hola hermanita, me da mucho gusto poder verte otra vez. Estoy bien no te preocupes –imaginaba contestarle.

Lorena siempre había sido buena conmigo. Nunca fuimos muy abiertos para expresar nuestro cariño; sin embargo, ambos teníamos la certeza de que podíamos contar con el otro cuando lo necesitáramos y eso nos daba un sentimiento de unión más allá de las palabras.

El doctor tocó dos veces antes de abrir la puerta y pidió estar con mi padre a solas. Una vez que Lorena y Arturo salieron de la habitación, el doctor acercó dos sillas a un lado de mi cama para hablar con mi padre.

–¿Cómo está mi hijo doctor? ¿Qué fue lo que pasó? –preguntó mi padre ansioso.

–No muy bien señor. Su estado ha empeorado últimamente. Su corazón se detuvo hoy y aunque sus signos vitales están estables, hay muchas probabilidades de que vuelva a suceder.

–¿Quiere decir que morirá pronto?

–No lo podemos saber con exactitud. Han pasado ya ocho meses y esta es la primera vez que sucede. Puede que su corazón se detenga en cualquier momento y no podamos ya revivirlo. Es por eso que pedí hablar con usted en privado... Necesito que firme unos papeles –continuó mientras sacaba varias hojas de una carpeta y se las entregaba.

Mi padre comenzó a leer. De pronto se puso de pie, arrugó desesperado las hojas de papel entre sus manos y se las arrojó al doctor gritando:

–¿Está usted loco?, ¿quiere que firme un permiso para dejar morir a mi propio hijo?...

El doctor asustado se puso de pie tirando su silla hacia atrás y mientras se sostenía con una mano de la pared para no caerse, se cubría con el otro brazo para evitar que los papeles le golpearan el rostro.

–Cálmese señor... no se trata de eso –pedía el doctor tratando de recuperar la compostura.

Arturo, al escuchar los gritos de mi padre y conociendo su temperamento, entró apresurado a la habitación para ver lo que sucedía.

–¿Qué pasa papá? –preguntaba poniéndose entre el doctor y mi padre para calmar la situación.

–No me voy a dar por vencido tan fácilmente.

–Está bien, está bien, pero ¿qué es lo que pasa? –decía Arturo mirando a mi padre y luego volviéndose hacia el doctor, tratando de entender la situación.

–Necesitamos que firme una autorización para que no intervengamos la próxima vez que su corazón deje de latir, ¡eso es todo! –contestó el doctor mientras recogía los papeles arrugados del piso–. Piénsenlo bien –dijo–, dándole los papeles a mi hermano, retirándose visiblemente molesto.

–Papá... ese es el doctor que salvó a mi hermano esta tarde...

–¿Sí?, pues ya no quiere hacerlo más –contestó mi padre molesto.

Después de leer cuidadosamente los papeles que le dio el doctor, Arturo suspiró profundamente y comentó:

—Papá, comprende que han sido ya ocho meses... ocho meses de tensión para todos nosotros, mi madre no está siquiera enterada de lo que pasó hoy... además, ¿cuánto has gastado en el hospital?

—El dinero es lo que menos importa ahora —alzó la voz mi padre, molesto y levantó el puño desafiante.

En un segundo comprendió que había vuelto a su comportamiento anterior y recapacitando se disculpó:

—Perdóname hijo, estoy desesperado.

—Te entiendo papá, esto es duro para todos.

—¿Qué va a pasar con tu mamá cuando se entere?

—Mi mamá se ha vuelto muy fuerte con esta experiencia. Papá, ha pasado ya tanto tiempo, ¿no crees que ya se ha hecho a la idea?

—Nunca puedes hacerte a la idea de perder a un hijo —contestó mi padre.

–Me refiero a que ella sabe que es sólo cuestión de tiempo. Además, mira –le decía mi hermano mientras me señalaba con el dedo–. En este estado crees que si vuelve en sí, ¿volverá a estar bien? Lleva tanto tiempo así... ni siquiera sabemos si su cerebro sigue funcionando.

–Mejor de lo que te imaginas –le contesté en mi mente.

–Pero eso no lo podemos decidir nosotros –decía mi padre mientras tomaba la mano de Arturo para evitar que me siguiera señalando–. Eso es jugar a Dios.

–¡Jugar a Dios es mantenerlo vivo! Tal vez es el mismo Dios el que detuvo su corazón y tenerlo aquí está en contra de su voluntad. Tal vez está sufriendo y lo que hacemos es prolongar su dolor.

Al oír esto mi padre se tumbó en la silla y llevando sus manos al rostro murmuró abatido:

–Maldita sea... no sé qué hacer.

–Firma la autorización papá –le dijo Arturo entregándole el montón de papeles arrugados.

–Mi padre se quedó viendo unos momentos las hojas y de manera casi inconsciente tomó su pluma del interior del saco y después de secar una lágrima que escurría por su mejilla, firmó los papeles... firmó mi propia sentencia de muerte...

–*¡No seas tan dramático!* –mi guía siempre quería dar su opinión–. *Todos moriremos tarde o temprano, lo importante no es vivir mucho tiempo sino aprovechar al máximo el tiempo que estamos vivos.*

–Me parece curioso que no estoy enojado con mi padre ni con mi hermano. En realidad comprendo lo difícil de su situación –le comenté.

–*Perdonar no es una acción en sí misma, perdonar es simplemente comprender. Cuando logras comprender que todos buscamos lo que creemos que es mejor para nosotros, que nuestras acciones son por lo regular bien intencionadas, que todo lo que hacemos tiene como objetivo acercarnos a lo que creemos que es la felicidad, entonces te das cuenta de que no hay nada que perdonar.*

–¿Pero, cuando alguien te hiere con toda la intención?

–*La mayor parte de la gente no tiene la intención de hacerte daño. Todos tomamos nuestras decisiones a partir de los conocimientos que tenemos y de las circunstancias que nos rodean en ese momento.*

Si tu pareja decide terminar tu relación e irse con otro, lo hace porque la relación que tiene contigo ya no la hace feliz y porque cree que estará mejor con esa otra persona; no lo hace por molestarte o por herirte, lo hace porque eso es lo mejor que puede hacer en ese momento. Muchas personas dicen: "me abandonó", en realidad no te abandonan, simplemente se van. La gente no te desilusiona simplemente hace lo que puede hacer y si no coincide con lo que tú crees que deberían hacer, entonces tú te desilusionas.

–¿Qué hay de la gente que roba, mata o engaña a otros premeditadamente?

–*Lo que pasa con ellos es que tienen una visión muy limitada, no han aprendido que hay otras formas de obtener lo que quieren, no saben que*

causarle un mal a otro es causártelo a ti mismo.
¿Crees tú que se pueda disfrutar del dinero que
se ha obtenido engañando, robando o afectando a
otros?

–No, no lo creo.

–¿Te imaginas lo que es vivir con un miedo
constante a ser descubierto, con el cargo de
conciencia de las malas acciones, con el rechazo
de la gente?

–En sus propias acciones llevan el castigo.
¿Debemos aceptar entonces lo que hace la
gente a pesar de que nos afecte?

–No, una cosa es comprender y aceptar y otra,
muy diferente, es resignarse y aguantar. Com-
prender es ponerte en los zapatos del otro, estar
consciente de que nadie puede desilusionarte,
ofenderte, abandonarte, sólo tú mismo. Aceptar es
reconocer que todos tienen el derecho de buscar
la felicidad en la forma que crean conveniente.
Por otro lado, aguantar los comportamientos que
te afectan de otro, o resignarte a vivir en una
relación que no te hace feliz, es jugar a la víctima,
hacerte el mártir y eso va en contra de tu propia
naturaleza.

Después de un rato, pasó Lorena a la habitación y al explicarle lo que había sucedido, decidieron todos comentarlo con mi madre para que se fuera preparando. Ella y mi padre se dirigieron a mi casa y Arturo estuvo de acuerdo en pasar a dejar los papeles a la oficina del doctor.

OCHO

El día siguiente volvió Laura a visitarme y se encontró con mis padres en mi habitación. No se habían visto desde el día del accidente ni estaban enterados de su embarazo. Noté que Laura estaba más tranquila, pude ver en su rostro que el enojo del día anterior se había convertido en una profunda tristeza.

Ahí frente a mí, les explicó a mis padres lo que había sucedido aquella noche:

–Durante la fiesta, tuvimos una discusión muy fuerte señora, –decía dirigiéndose a mi madre–, él había tomado mucho y estaba muy mal. Se alejó por unos momentos con su amigo Eduardo y cuando regresaron los dos estaban como locos. Tenían la mirada perdida y decían cosas incoherentes. Habían ya decidido irse de la fiesta, yo intenté detenerlos pero no pude. Dando tumbos se subieron al coche de Eduardo y arrancaron rechinando las llantas a toda velocidad, yo me quedé parada en la calle observando cómo se alejaban. Al llegar a la esquina ignoraron la luz roja del semáforo... –hizo una pausa y se quedó mirando hacia el piso tratando de recordar lo que había visto. Mi madre se tapó la boca con la mano como queriendo aguantar el llanto, mi padre puso su brazo alrededor de sus hombros y Laura continuó:

–Un camión de carga se estrelló justo en la puerta del conductor, me parece que el chofer no tuvo siquiera oportunidad de frenar, los golpeó con tanta fuerza que el auto dio varias vueltas antes de quedar con las llantas hacia arriba... Yo corrí hasta donde estaba el auto y cuando los vi, atorados entre fierros y vidrio, llenos de sangre... estaba segura de que los dos habían muerto...

–Bueno, y ¿qué pasó después?, ¿qué hiciste?, ¿a dónde fuiste? –preguntó mi padre.

–No recuerdo bien lo que pasó… recuerdo que la gente se empezó a juntar alrededor del auto y que me empujaban para poder ver lo que había pasado. Yo empecé a caminar alejándome del lugar… estaba como dormida, caminé por mucho tiempo sin saber de mí. No recuerdo ni cómo llegué a mi casa

–Pero.. ¿por qué no nos llamaste? Estábamos muy preocupados por ti. No sabemos dónde vives, ni tu teléfono –preguntó mi madre.

–Perdóneme señora… estaba tan asustada. Después de lo que pasó, caí en una fuerte depresión y, tratando de sentirme mejor, me fui a vivir con una tía lejos de aquí, convencida de que habían muerto.

–Bueno y ¿ese bebé que estás esperando? Es de…

–…de él señora, de su hijo –la interrumpió.

–Pero… nunca nos comentó nada –contestó mi madre.

–Él tampoco lo sabía señora, yo iba a decírselo en la fiesta… pero ya no puede hacerlo.

–¡Hijita! –dijo mi madre y la abrazó llorando.

Laura también la abrazó mirando a mi padre buscando su aprobación. Mi padre puso sus fuertes brazos alrededor de ellas para mostrar su apoyo. Así estuvieron unos momentos y después Laura comentó:

–Vine a la ciudad a que me examinaran y me enteré de que él estaba aquí. Por eso vine, sólo para encontrarlo así… –decía mientras me miraba con los ojos llenos de lágrimas.

–Sé fuerte hijita –contestó mi madre, tomándola de la mano y también volteando a verme.

Siguieron comentando sobre lo que había pasado y sobre el embarazo. Me enteré entonces de que le faltaban tres semanas para dar a luz.

Me sorprendió la fortaleza que mostraban todos y entendí porqué mi guía me había llamado arrogante cuando me quejaba de lo que me estaba pasando.

—Dentro de todos nosotros hay una gran fortaleza que nos permite salir adelante de las peores situaciones —comentó mi guía—. *Una y otra vez nos reponemos del dolor que nos causa perder lo que amamos.*

—Sin embargo, en esos momentos nos parece que se nos acaba el mundo y que no tendremos la fuerza suficiente para resistir el dolor —le contesté.

—En esos momentos hay que tratar de recordar que ya hemos sobrevivido situaciones difíciles, hay que hacer un esfuerzo por entender que nos duele tanto, porque somos seres sensibles y amorosos; que si nada nos importara, no nos dolería pero nos perderíamos del gozo más grande que existe: amar a otros.

—Viéndolo con calma —interrumpí—, amar a otros es un acto de valentía. Amamos a pesar de saber que irremediablemente perderemos aquello que amamos, a pesar de saber que todo puede terminar, sin garantía alguna de recibir algo a cambio.

—*Nada necesitas recibir a cambio del amor que das ya que amar a otros es un regalo que te das a ti mismo.*

—Y entonces, ¿por qué el amor siempre está rodeado de tanto sufrimiento?

—*Porque eso que la mayoría de la gente llama amor, no lo es. Lo que te hace sufrir es el egoísmo y la arrogancia.*

—Explícamelo, por favor —le pedí.

—*La gente que dice que sufre por amor en realidad está sufriendo por creer que la persona amada tiene que hacer lo que él quiere y eso es arrogante. La persona que sufre porque cree que su amado tiene que satisfacer sus necesidades, es egoísta.*

Eso que la mayoría de la gente llama amor es más bien como un contrato comercial que dice: "Me comprometo a amarte siempre y cuando seas como a mí me gusta y siempre y cuando hagas lo que yo diga."

En realidad, el amor es libre, no exige, no quiere cambiar al otro, no es posesivo, no es condicionado.

–Es una contradicción que seamos tan fuertes y que suframos tanto.

–Mucha gente está acostumbrada a sufrir y a ser infeliz. Tan acostumbrada que hacen de la infelicidad parte de su identidad y de su personalidad, por eso les es tan difícil estar bien. Es por eso que se concentran en lo negativo y se olvidan de todas las bendiciones que reciben diariamente.

–¿Qué se supone que nada nos tiene que doler? –le pregunté.

–El dolor no es lo mismo que el sufrimiento. El dolor es parte de la vida y viene de perder lo que amamos. El sufrimiento viene de no aceptar lo que pasa, de la idea de que podría ser diferente, de pensar que las cosas tienen que hacerse a tu manera.

–Pero entonces, ¿somos responsables de nuestra vida o no? Por una parte me dices que tenemos el poder de hacer de nuestra vida lo que queramos y por otra que debemos aceptar todo lo que pasa.

–Eres responsable de tu vida, no de la vida. Una contradicción más: No tienes poder

en lo absoluto y tienes todo el poder que necesitas.

–Creo que te entiendo. Es como mi condición en este momento, no puedo hacer nada para cambiar lo que está pasando y, sin embargo, en el momento en que lo acepté dejé de sufrir. Lo que me parecía un castigo hace sólo unos días, ahora me parece una bendición, la oportunidad de estar unos momentos más con mis seres queridos y de participar en sus vidas. Hace sólo unos días quería ya que mi vida acabara y ahora sólo pido aguantar las tres semanas que faltan para que pueda conocer a mi bebé.

–*Nada ha cambiado en el exterior, sólo tu actitud ante lo que pasa. Ese es el gran poder que tiene el ser humano: la capacidad de decidir cómo reaccionar ante lo que le presenta la vida. Si bien no puedes controlar lo que pasa a tu alrededor, puedes decidir cómo interpretarlo y qué actitud tendrás. Eres responsable de lo que piensas, de las decisiones que tomas, de cómo lo quieres ver y vivir.*

–Además, sólo soy responsable de mí y de nadie más.

—Así es. Lo que más puede llenar tu vida de sufrimiento y de frustración es creer que eres responsable de lo que otros sienten, piensan o hacen. Todo el mundo está listo para llenarse de la culpa, del dolor y del sufrimiento de otros, como si eso ayudara en algo. Creer que alguien depende de ti para ser feliz o estar bien es muy arrogante, es una carga inútil y demasiado pesada. Cada quien tiene la responsabilidad de su propia vida.

Tan concentrado estaba en esta plática en el interior de mi cabeza, que ni cuenta me di que mis padres habían salido y Laura se había quedado en la habitación a solas conmigo. Colocó una silla junto a mi cama, me tomó de la mano y empezó a llorar en silencio mientras posaba su mirada en mi rostro. Después volteó hacia la puerta para asegurarse de que estaba cerrada, se acercó a mí como si fuera a contarme un secreto y en voz baja me dijo:

—Hola mi amor, me haces mucha falta... —el llanto le impedía seguir hablando. Puso su brazo encima de mi pecho y hundió su cabeza en la almohada junto a la mía, pude sentir sus lágrimas corriendo por mis mejillas y su perfume me trajo cientos de recuerdos de nuestros momentos juntos.

¡Qué ganas de poder acariciar su pelo con mis manos, de poder secar sus lágrimas con mis besos y decirle que yo también la extrañaba muchísimo, que era por ella que seguía yo aquí! ¡Cómo quería expresarle cuánto la amaba y pedirle perdón por los malos momentos que le hice pasar!

Siguió así unos segundos más y después alzó la cabeza para verme. Me sorprendió que lloraba y a la vez sonreía, mostrando esa fortaleza de la que habíamos hablado mi guía y yo.

–¿Ya viste que panzota tengo, mi vida? –me dijo en tono de broma llevándose una mano al vientre y acariciándolo.

–Es tu bebé... nacerá pronto –se quedó pensativa un momento y después continuó–. Este nene es producto de nuestro amor, yo sé que nuestra relación no era perfecta pero siempre tuve la seguridad de que me amabas

–seguía hablándome pasando del llanto a la risa en una mezcla inexplicable de alegría y tristeza.

–Te amo profundamente, si te traté mal es porque respondía a creencias equivocadas, –imaginé contestarle –gracias por estar aquí a pesar de todo.

–Ay mi vida, ¿qué va a pasar con nosotros? –expresó soltando un suspiro.

–Pase lo que pase, todo estará bien, ya lo verás –le contesté en mi mente, con la seguridad que me daba el saber que tenemos la fortaleza para enfrentar los retos de la vida, por difíciles que sean.

NUEVE

Las siguientes dos semanas transcurrieron sin novedad alguna. Yo seguía las conversaciones en mi mente con mi guía. Creo que en ese tiempo aprendí más que en toda mi vida sobre los verdaderos valores del ser humano, sobre nuestras capacidades, sobre la responsabilidad y sobre una infinidad de temas más.

En el hospital hicieron algunos cambios en los horarios de visita y permitieron que alguien de mi familia se quedara a dormir conmigo, era probable que mi corazón dejara de latir en cualquier momento. Acondicionaron un catre junto a la pared para que mi madre pudiera pasar la noche junto a mí. Algunas veces se quedaba mi padre o alguno de mis hermanos para darle un descanso. Mi madre siempre trataba de rehusarse, decía que quería estar presente por si acaso. La convencían diciéndole que, el que se quedara conmigo le llamaría de inmediato si algo sucedía.

Aquella noche me extrañó un poco que nadie hubiese venido a quedarse conmigo, no le di mucha importancia y supuse que mi madre o alguno de mis familiares vendría más tarde.

Me imagino que eran como las once de la noche cuando la puerta se abrió de repente, vi a la enfermera que me atendía antes de que llegara Esperanza, aquella mujer fría y malhumorada, acompañada de un doctor que no había visto antes. Ambos voltearon hacia los lados para cerciorarse de que nadie los viera entrar, cerraron la puerta y señalando hacia mi cama, todavía sin mirarme a la cara, ella dijo:

–Este es el que te digo.

El doctor que la acompañaba se acercó para verme, se quedó pensativo por un momento y preguntó:

–¿Cuánto tiempo dices que lleva en coma?

–Como ocho meses y medio. Te digo que es perfecto para lo que queremos –contestó ella.

–¿Bueno y cómo sabes que sus órganos están en buenas condiciones? –volvió a preguntar él.

–Hace como dos semanas fue declarado clínicamente muerto por seis minutos y lograron revivirlo, desde entonces sus signos vitales son estables. Todo funciona bien –contestó la odiosa enfermera.

Él seguía pensativo, se llevaba la mano a la barbilla y volteaba constantemente a la puerta como si temiera ser descubierto en cualquier momento.

–Es muy arriesgado –dijo por fin–. En primer lugar, está la alarma del aparato. En segundo lugar que tal si vienen sus familiares... No sé si valga la pena...

–¡Vale la pena, hombre! –lo interrumpió ella–. Nos van a dar cinco mil dólares por cada uno de sus riñones. Su padre ya firmó la autorización de no-intervención en caso de paro cardiaco. De la alarma yo me encargo, puedo desconectarla. Y, por su familia ni te preocupes, yo sé que hoy no vienen.

–¿Verificaste ya que el tipo de sangre coincida con la persona que recibirá los órganos? –preguntó él.

–Coincide, los dos son O positivo.

–¿Qué hay del historial de enfermedades? –insistía queriendo encontrar una razón que lo persuadiera de no seguir adelante.

–Ya lo hice, todo bien.

–¿Cómo vamos a hacer para llevarlo de inmediato a la morgue?

–Yo soy la encargada de reportar los ingresos a la morgue así que ese no es problema.

–Bueno, y ¿para justificar que estemos aquí cuando suceda?

–Mira, yo acabo de ser asignada de nuevo a encargarme de este paciente. Así que no será extraño que yo esté aquí. Además hoy te toca guardia, ¿no es así? Entonces, no será nada raro que, haciendo mi rutina, lo encuentre ya sin vida y que te llame para certificar su muerte.

–No lo sé... algo anda mal –comentó llevándose la mano a la cabeza y volviéndose para mirarme una vez más.

–No lo dudes más... si lo que no te convence es hacerlo por el dinero, piensa en que la mujer que recibirá los riñones tiene toda una vida por delante, tiene dos hijos que la esperan en casa. Él, en cambio ya llegó al final de su vida, lo siguen manteniendo aquí vivo pero seguro que su cerebro dejó de funcionar desde que lo trajeron.

Mientras escuchaba esto, el doctor me miraba por unos momentos y luego retiraba la mirada como si supiera que yo estaba consciente de lo que tramaban y se sintiese avergonzado.

–Está bien –dijo, soltando un suspiro– desconecta la alarma, yo vigilo que nadie se acerque.

La enfermera se apresuró a mover unos cables en la parte posterior del aparato que me mantenía con vida. Mientras lo hacía, el doctor abría la puerta unos centímetros y se asomaba hacia fuera, visiblemente nervioso.

–¡Ya está! –dijo ella retirándose un poco y frotando sus manos contra la bata que vestía como hacen los niños cuando son descubiertos tocando algo que les está prohibido.

El doctor echó un vistazo más hacia fuera de la habitación, cerró la puerta sin hacer ruido y se acercó al aparato.

–Pon mucha atención –le dijo–, ¿ves estos siete interruptores? Tienes que apagarlos uno cada hora para evitar cambios bruscos, sólo así podremos conservar en buen estado los órganos para poder utilizarlos. Son las doce de la noche –dijo mirando su reloj–. Baja ya el primero y regresa aquí cada hora.

La enfermera se acercó al panel de control del aparato y bajó el primero de los interruptores. Noté que el ritmo de mi corazón disminuía y me sentí muy cansado como cuando uno está a punto de quedarse dormido.

—Los demás, tienes que apagarlos en este orden —comentó el doctor señalando los interruptores de izquierda a derecha y secando con la manga de su bata blanca el sudor que le escurría en la frente—. Tú te encargas de eso y yo me voy a preparar todo para el transplante. Si algo sale mal, nos vamos a meter en un problema muy grave.

—Te preocupas demasiado —fue lo último que dijo la enfermera antes de que los dos salieran apresuradamente de la habitación.

DIEZ

Unos minutos después de que salieron el doctor y la enfermera, entró a la habitación Esperanza y yo pensé que todavía tendría una oportunidad de seguir con vida.

Se sentó en la cama junto a mí, me miró con compasión por un momento, acarició mi pelo como solía hacerlo y me dijo:

–Hola, vengo a despedirme.

–¿A despedirte?, ¿acaso sabes lo que está pasando? –le pregunté en mi mente.

–Mi trabajo aquí contigo terminó.

–Espera, no te vayas –imaginé contestarle–. ¡Voltea hacia el panel de control!, ¡vuelve a subir el interruptor!

–Por cierto... –sonrió dudando de seguir adelante con lo que me quería decir y después continuó–. Laura entró en labor de parto hoy como a las diez de la noche, esperan que el bebé nazca en unas seis horas más. Toda tu familia está con ella ahora, es por eso que no vinieron a verte esta noche.

–¡Con mayor razón!, ¡sube el interruptor!... ¡sube el interruptor!... ¡sube el interruptor!... –le gritaba en mi mente como queriendo hacer alarde de poderes telepáticos.

–Ya no hay nada que pueda hacer yo por ti. Ahora, debo ir con alguien más que me necesita. Espero que te haya servido de algo mi presencia.

–Me sirvió de mucho Esperanza –dije ya resignado–. Gracias a ti y a tus cuidados soporté los primeros meses aquí. He aprendido de ti lo que es amar incondicionalmente y entregarte al cuidado de otros sin esperar nada a cambio. Muchas gracias.

–Ojalá hubiera podido hacer más, pero... –se quedó pensativa por unos momentos, bajó la cabeza y secando una lágrima que le escurría por la mejilla continuó–, todo está bien ya verás. Es hora de que me vaya –me besó en la frente y salió de la habitación sin voltear más a verme.

–Adiós Esperanza, que Dios te bendiga, gracias por todo...

Bien, pues se acabó la incertidumbre, seis horas me quedaban de vida y mi intento de conocer a mi bebé se había frustrado ya. Traté conscientemente de enojarme con estás dos personas que estaban echando a perder mis planes y no pude. Sin importar que en parte eran movidos por la avaricia, el resultado, si lograban usar mis riñones para salvar a esa mujer de la que hablaron, sería positivo. Esa podría ser mi última buena acción y aunque no hubiera intervenido directamente, ayudaría con una parte de mi cuerpo a que alguien siguiera disfrutando de esta maravillosa vida.

¡Qué ironía! Mi bebé en otra parte de este hospital espera su turno para empezar a vivir y yo espero aquí que sea mi turno para dejar de existir. Como si hubiera una conexión especial entre él y yo.

–*¡Hay una conexión especial entre tu bebé y tú!* –comentó mi guía. *No sólo entre ustedes dos, sino con toda la humanidad, con todos los seres vivos y con todo lo que existe.*

–Claro todos somos parte del universo.

–*No eres parte del universo, tú eres el universo, tú eres la vida misma.*

–¿Qué yo soy la vida? Eso está muy profundo –comenté–. Se me hace que no te alcanzan las seis horas que me quedan para explicármelo.

–*No te lo voy a explicar. Considerando las circunstancias, me voy a permitir hacer trampa y mostrarte algo que pocos seres humanos son capaces de vivir en toda su vida. Desmáyate...*

–¿Qué? ¿Cómo le hago para desmay... –No terminé la pregunta, cuando me di cuenta de que ya no estaba en el cuarto del hospital ni dentro de mi cuerpo. Era como tener uno de esos sueños donde todo es posible, donde te das cuenta de que estás soñando y sabes qué es lo que está pasando sin necesidad de verlo ni oírlo.

—*Esta es la iluminación* —dijo—. *Esto es lo que buscan los sabios y lo que quieren alcanzar los gurués y maestros. Esto es a lo que te llevan años y años de meditación profunda.*

—¿Qué lugar es este? ¿El cielo?

—*No es un lugar, es un sentimiento. Aquí no existe el espacio ni el tiempo como los habías conocido.*

—¿Pero...

—*¡Shhh!... Apaga ya tus pensamientos y permítete sentir...*

Me abandoné totalmente a la experiencia y en cuestión de segundos pude comprender el gran regalo que me había dado mi guía: "La iluminación" como él la llamaba es un maravilloso sentimiento de ser parte del universo y al mismo tiempo ser el universo mismo. Es sentir una conexión con todos los seres humanos, con todos los seres vivos y con todo lo que existe. Es perder por completo el miedo a la soledad y darse cuenta de que la vida, cuida de todos nosotros como lo hace con todo lo que existe. Es saber que todo está bien en nuestras vidas y de que somos parte de algo grandioso, parte de un hermoso y complicado diseño.

–*Ya es tiempo de que vuelvas*–. Apenas y pude oír la voz de mi guía que me pedía que despertara de este hermoso sueño.

Una vez más volví a sentirme en mi cuerpo y a pesar del terrible cansancio, conservaba la sensación de bienestar que me provocó la experiencia.

–¡Eso fue maravilloso! –expresé en mi mente emocionado–. ¡Soy parte de todo lo que hay! ¡Soy tan importante como las estrellas, como el sol, como todo lo que existe!

–*Todos lo somos y esto no es sólo palabrería mística o espiritualista, es un hecho real y comprobable* –respondió mi guía y luego continuó–. *Tú fuiste creado a partir de una célula de tu padre y una de tu madre. Y ese par* de células llevan la información genética de lo que fueron todos tus antepasados. Así es como estás conectado con toda la humanidad porque, a fin de cuentas, todos somos parientes.

–Pero... no sólo me sentí conectado con los seres humanos sino con todo lo que existe –comenté intrigado.

–*Cuando fuiste concebido en el vientre de tu madre; su cuerpo y estas dos células tenían toda la información necesaria para crear cada parte de tu cuerpo. Había un plan perfecto para formarte tal y como eres ahora. Hasta el detalle más pequeño estaba ya previsto: el color de tus ojos, de tu pelo y piel, la forma de tu boca, los hoyuelos de tus mejillas, los vellos de tu cuerpo y exactamente donde crecería cada uno de ellos. ¡Un verdadero milagro!*

Ahora bien, el cuerpo de tu madre tomó la materia prima para formarte de todo lo que le rodeaba, del aire que respiraba, del agua que bebía y de la comida que ingería. Y así fuiste formado tomando partes del universo mismo.

Una manzana que alguna vez fue parte de un animal y que antes de eso fue un insecto y mucho antes había sido el pétalo de una rosa, se utilizó para formar tu corazón. El agua que alguna vez fue un río y otras veces, un iceberg en el polo norte y que luego se convirtió en nube y en lluvia, se utilizó para crear la sangre que corre por tus venas. Y los minerales que alguna vez fueron una montaña y mucho tiempo atrás parte de una lejana estrella, se utilizaron para formar tus huesos.

Cuando mueras y tu cuerpo se desintegre, las partículas que lo forman serán la materia prima que utilizará el universo para seguirse renovando.

–¿Es por eso que dices que yo soy la vida misma?

–Así es, a través de ti, la vida se mantiene y se renueva. Tú fuiste el instrumento que utilizó la vida para crear a otro ser maravilloso y lleno de posibilidades: el bebé que espera nacer a unos metros de aquí. Ese nuevo ser viene a darle al mundo algo muy especial, algo que sólo él puede darle, un regalo maravilloso para todo el universo.

–¿Quieres decir que mi bebé será especial? ¿qué mi propósito en la vida fue traerlo al mundo?

–*Él es tan especial como lo eres tú y como lo son cada uno de los seres humanos. El regalo que viene a darle al mundo es su propia individualidad. Porque a pesar de ser parte de todo lo que existe también será único. Ese bebé viene a compartir sus pensamientos, sus ideas, su forma de ser, sus emociones, sus alegrías y sus tristezas. Ese es el propósito de nuestra vida. Darle al mundo lo que sabemos que sólo nosotros podemos darle.*

–¡Ser nosotros mismos, ese es el significado de nuestra vida! –le interrumpí.

–*Ser lo que somos y disfrutar de esta oportunidad única de existir. Antes de nacer eras parte de la eternidad y, cuando mueras, volverás a ella. Se te ha otorgado un pequeño lapso para ser tú mismo y puedes aprovecharlo...*

ONCE

En ese momento se abrió la puerta de repente y entró la enfermera que ahora hacía de mi verdugo. Cerró la puerta con cuidado para no hacer ruido, bajó el siguiente de los interruptores y salió apresurada de la habitación cuidando que nadie la viera.

Me angustié un poco al notar que el ritmo de mi respiración disminuía, me sentí mareado y mi vista se nubló por unos momentos. Poco a poco mi cuerpo se fue acostumbrando a la menor cantidad de oxígeno, el mareo disminuyó y sólo me quedó el cansancio.

Ya no sentía miedo, ni enojo; sin embargo, me invadió una profunda tristeza.

—*Esa tristeza viene de la culpa y el resentimiento*—, sugirió mi guía—. *Aprovecha este tiempo para perdonar y, más importante... para perdonarte.*

De inmediato admití que tenía razón y empecé a imaginar que escribía varias cartas para las personas importantes de mi vida. Empecé primero con mis padres...

QUERIDOS PAPÁ Y MAMÁ:

Les escribo esta carta en el momento de mi muerte para despedirme y para agradecer todas las bendiciones con las que llenaron mi vida.

Comprendo ahora que todo lo que hicieron por mí, lo hicieron por amor. Que a pesar de todos los errores que cometí y de los malos momentos que les hice pasar por mi ignorancia, ustedes siempre estuvieron dispuestos a ayudarme. Me doy cuenta de que siempre actuaron con las mejores intenciones y que hicieron lo mejor que pudieron.

Comprendo ahora que ustedes también tenían una historia de alegrías y tristezas, que también tenían heridas y miedos como todos nosotros y que actuaban siempre de acuerdo a lo que creían que era mejor para todos.

Quiero pedirles perdón por culparlos de lo que marchaba mal en mi vida y admito en este momento que yo fui el único responsable de mis actos. Fui libre para elegir mi destino y mis propias acciones me trajeron a la situación en la que me encuentro.

Quiero pedirles perdón por juzgarlos y por concentrarme muchas veces en sus debilidades y defectos, sé ahora que no tenía ningún derecho de hacerlo, ya que nadie sabe lo que es estar en sus zapatos y ahora entiendo que es un error querer cambiar a los demás y que podemos aceptarlos tal y como son.

Espero que entiendan algún día que me siento orgulloso de haber sido su hijo y que si se me hubiera dado la oportunidad de escoger a mis padres, los hubiese escogido a ustedes.

Me siento muy triste por la pena que les he causado. Estoy seguro que su amor les dará la fuerza para salir adelante de esta situación y de todas las situaciones difíciles que les presente la vida.

Mamá y papá, muchas gracias por su amor y sus cuidados. Gracias por su paciencia y sus enseñanzas. Gracias por haberme dado la vida.

Los quiero.
Atentamente,
Su hijo.

Al terminar de escribir esta carta en mi imaginación, sentí como si hubiese dejado atrás una carga que llevaba por mucho tiempo. Una carga a la que me aferraba y que hacía que mi viaje por la vida fuera lento y molesto.

Continué imaginando que escribía una carta a mi bebé que no conocí.

QUERIDO HIJITO O HIJITA:

Mientras tú esperas ver la luz por primera vez, al mismo tiempo, la luz de mi vida se apaga lentamente.

Me asombra que aún sin conocerte, sin haberte visto ni una sola vez, el simple hecho de enterarme de tu existencia, llenó de ilusión y alegría los últimos momentos de mi vida.

No puedo explicar cómo es que, a pesar de nunca haberte tenido en mis brazos, siento un profundo amor por ti. Seguro es porque representas para mí y para todos, la esperanza de un mundo mejor, o porque eres la prueba de que alguien allá arriba, aún confía en que podemos mejorar nuestra vida y que merecemos otra oportunidad de ser felices.

No permitas que mi muerte se convierta en una marca en tu vida. Piensa siempre que yo tomé mis decisiones y que tuve que afrontar las consecuencias de mis actos, que tú eres un nuevo ser y que no te toca sufrir por los errores que yo cometí. No permitas que nadie trate de convertir mi muerte en una tragedia, no lo es. Todos habremos de morir tarde o temprano y siempre dejando muchas posibilidades de lo que pudimos haber hecho. Porque "lo que pudimos haber hecho" no existe, sólo existe lo que hacemos.

Tampoco permitas que el hecho de no tener padre te afecte demasiado, todos podemos aceptar la realidad, si no nos aferramos a lo que pudo haber sido. Porque "el pudo haber sido" tampoco existe, sólo existe lo que es.

Abre tu corazón para recibir el amor de tu madre y de todos los que te rodean. Si lo haces te darás cuenta de que no necesitas ni mi amor ni mi presencia. Habrá suficiente amor para ti aún después de que yo me haya ido.

Dale al mundo el gran regalo que es tu amor y tu forma de ser, no permitas que el miedo te impida hacer lo que quieres, confía en que eres un milagro y que la vida quiere cuidar de ti como cuida de todos sus hijos.

Disfruta de tu vida y haz de ella una experiencia maravillosa.

Te quiero.
Atentamente,
Tu papá.

Después imaginé escribirle una carta a Laura que decía:

QUERIDA LAURA:

Hoy me doy cuenta de que pasé una gran parte de mi vida viviendo en el futuro, llenándome de miedo con lo que podría pasar e imaginando lo que debería ser. Viviendo así, eché a perder, muchas veces, los preciosos momentos que pasábamos juntos.

La mayoría de la gente mira su vida hacia el futuro, haciendo planes e imaginando lo que pasará y lo que quiere lograr. A mí, sólo me queda mirar hacia el pasado y desde aquí, desde mi lecho de muerte, todo me parece diferente. Desde este punto de vista, las cosas de mi vida toman su verdadero valor. Desde aquí, me doy cuenta de que lo importante en la vida no son los logros ni las metas, no lo es tampoco acumular riquezas ni conocimientos, ni probarle al mundo nuestra valía; lo realmente importante es estar con los seres que amamos, los besos, los abrazos, las caricias, las risas, el compartir, el amor por otros: eso es lo que debemos acumular.

Yo sé que te hice pasar malos momentos al insistir en querer cambiarte, sin darme cuenta que no tenía ningún derecho de hacerlo, porque no te poseía. Espero que comprendas que mis faltas no tenían su origen en la maldad, sino en la ignorancia, en el miedo a ser herido, en un sentimiento equivocado de no merecer tu amor y en el temor de entregarme a ti.

Te pido perdón por mis errores y te libero hoy de mis exigencias y mis reclamos. Nunca fue tu responsabilidad satisfacer mis necesidades ya que nunca fuiste responsable de mi felicidad.

Nada queda en mi corazón que no sea la alegría de haberte conocido, el agradecimiento por los momentos felices y el amor que siento por ti.

Te quiero.
Atentamente,
Tu amado.

Por último, imaginé escribir la carta que me pareció la más importante de todas, la que estaba dirigida a mí mismo.

Estimado Amigo:

Me llamo amigo porque eso es lo que quiero ser conmigo mismo ahora. Por mucho tiempo yo fui mi peor enemigo, de hecho, fui mi único enemigo.
    Fui yo el que permitió que el miedo dominara mi vida. Fui yo el que se

aferró a las penas del pasado para llenar mi presente de sufrimiento. Era mi propia voz la que escuchaba en mi cabeza y que me convencía de no merecer lo bueno y me hacía sentir menos que los demás.

Fui yo mismo el que me llené de inseguridades y dudas, de celos y resentimientos. Fui yo mismo el que me juzgué y me critiqué en todo lo que hacía. Yo mismo afecté mi salud y mi bienestar y fui yo mismo el responsable de los problemas de mi vida. En mí estaba la solución y en mí estaban todas las respuestas.

Fui yo mismo el acusado, el juez y el verdugo de mi propia vida. Yo mismo dicté las sentencias y yo mismo me impuse los castigos.

Y, sin embargo... hoy me perdono todo, porque me doy cuenta que siempre hice lo mejor que pude. Comprendo que fui un ser sensible y vulnerable como lo son todos los seres humanos y que *las experiencias de mi vida moldearon mi personalidad. Hoy rechazo la culpa que siento por mis errores ya que en nada ayuda y nada soluciona.*

Aprendí tarde, que yo era capaz de cambiar mi vida a pesar de mis heridas y de las situaciones que me rodearon. Tarde comprendí que yo era mi propio dueño, que mis pensamientos moldearon mi existencia, que no era un esclavo de las circunstancias y que en mí estaba el poder de mejorar, de cambiar y de vivir en armonía.

Puedo ver ahora que mi vida fue maravillosa a pesar de las pérdidas y heridas que todos compartimos. Agradezco la oportunidad que tuve de ver, de oír, de sentir, de saborear, la oportunidad de compartir con otros mi vida y la oportunidad de amar a mis semejantes.

Hoy me deshago de viejos resentimientos hacia otros y hacia mí mismo.

Hoy rompo las cadenas con las que yo mismo me até.

Hoy me libero del miedo y de la culpa.

Hoy me perdono por todos mi errores.

Hoy admito que nadie tiene control sobre mis pensamientos.

Hoy admito que nadie tiene control sobre mis sentimientos.

Hoy me declaro libre de todas mis heridas.

Hoy es un buen día para morir.

Me quiero.
Atentamente,
La persona más importante de mi vida.

Al terminar de redactar estas cartas en mi mente, me sentí liberado, aún cuando sabía que no tendría la oportunidad de escribirlas ni de entregarlas a sus respectivos destinatarios.

–*La decisión de dejar atrás la culpa y el resentimiento es algo que tiene que ver contigo y no tanto con los demás* –comentó mi guía–. *Cuando decides perdonar, eres tú el que se libera y el que se deshace de la pesada carga del rencor.*

Mucha gente vive cargando un costal en la espalda. Un costal lleno de ofensas del pasado, de rencores, de culpas, de resentimientos, de heridas, de amores fallidos, de desilusiones, de corazones rotos, de infidelidades, de miserias...

–Muchos dicen que todos tenemos una cruz que cargar –le interrumpí.

–¡¿De dónde sacaron esa idea!? *Ellos mismos se pusieron la cruz a cuestas aferrándose al pasado y es de ellos la decisión de dejarla en el momento que quieran. Nadie les ha pedido que sufran.*

–Dicen que tienen que pagar lo que reciben –comenté.

–¡¡¡Eso está peor!!! *¿A quién tienen que pagárselo? Y además, ¿lo tienen que pagar con sufrimiento? Se les olvida que la vida es generosa con sus hijos y que el amor que reciben es incondicional, que se les da sin esperar nada a cambio. Tal y como reciben todo lo que necesitan las plantas, los animales y todas las criaturas del mundo.*

DOCE

Una vez más volvió a mi habitación la enfermera y por primera vez se acercó para verme. Se inclinó sobre mí, acercando su cara a unos centímetros de la mía. Me veía directamente a los ojos como quien busca algo a través de una ventana. Noté que sus rasgos eran muy toscos y su piel se veía marchita y llena de marcas. Sus labios eran delgados, sin color y sin vida. Tenía un horrible grano en la frente del cual salían dos gruesos pelos que le hacían verse aún más repugnante. Su respiración era forzada y al soltar el aire hacía un sonido extraño y desagradable.

Se quedó viéndome así por varios segundos y pude ver mi rostro reflejado en sus ojos negros. Fue en ese momento en el que entendí algo muy importante: ¡Esta mujer es una versión diferente de lo que yo soy! Ambos compartimos la capacidad de hacer daño a otros, la capacidad de mentir, de ser çodiciosos, de ser egoístas y hasta la capacidad de matar. Admitir esto me llenó de escalofríos.

—*No te asombres tanto* —comentó mi guía al notar mi reacción—. *Eso es parte de la libertad que se te ha otorgado y parte de tu propia naturaleza. Para ser libre necesitas opciones. ¿Qué mérito tendría una persona que es justa con los demás si no tuviera la capacidad de hacer lo contrario? El mérito de nuestras acciones radica en que elegimos lo que es mejor para todos y no sólo para nosotros mismos.*

—¿Elegimos entre lo bueno y lo malo?

—*No se trata de bueno o malo, se trata de elegir entre lo que nos beneficia y lo que nos perjudica. El problema es que algunos se niegan a reconocer que cualquier daño que le haces a otro tarde o temprano te regresa. Toma como ejemplo a esta mujer, ¿qué crees tú que hace aquí al verte de esta manera?*

–No tengo idea, viene a burlarse de mí... –contesté inseguro.

–Viene a calmar su conciencia, quiere asegurarse de que no estés consciente. Seguro que se repite una y otra vez que no lo estás y que lo hace por la mujer que espera los órganos y no por el dinero. Su intención principal es obtener un beneficio, no hacerte daño.

–Y, sin embargo la duda la atormentará por mucho tiempo.

–Así es, y esa es la decisión que ha tomado. Está ejerciendo su libertad.

La enfermera distrajo mi atención cuando puso su mano sobre mi rostro para taparme los ojos como si ya no soportara que la mirara, pude escuchar cómo bajaba el tercer interruptor...

Esta vez, el cambio empezó en mi estómago. Fue como si de pronto me hubiese dado mucha hambre, además sentí un hormigueo que iba desde mi cintura hasta los dedos de los pies. El cansancio aumentó y perdí el conocimiento...

TRECE

Lo que me hizo recuperar el sentido una vez más fue una agradable sensación en mis mejillas. Al enfocar la vista me di cuenta de que se trataba de mi hermana menor Graciela, que ponía sus manos en mi rostro y me acariciaba juguetonamente a la vez que me decía:

—Ya despierta flojito, ándale levántate hermanito, que tienes una visita importante.

Me extrañó verla ahí frente a mí ya que mis padres no le habían permitido visitarme para evitarle una pena más grande.

Noté que sólo uno de los interruptores faltaba por ser apagado, así que la enfermera debió haber bajado los otros dos mientras estuve inconsciente.

—Ya nació tu bebé... ¡es una hermosa nenita! ¡Levántate a verla por favor! —me gritaba Graciela sintiéndose cada vez más desesperada–. ¡Tienes que despertar hermanito! ¡Tienes que despertar! –repetía mientras apoyaba sus manitas contra mi pecho.

—Por eso no queríamos que vinieras Gracielita, trata de calmarte hijita –decía mi madre que estaba parada detrás de ella sosteniendo a mi bebé en sus brazos.

—Ven hijita, cálmate por favor –le decía mi papá, que estaba de pie a su lado a la vez que se inclinaba para abrazarla y llevarla fuera de la habitación.

Mi madre, al ver que Graciela estaba un poco más tranquila, se volvió hacia mí, inclinándose un poco y retirando la sábana que le cubría el rostro a mi bebita, me dijo:

–Mira hijito, aquí está tu bebé...

Sus ojitos estaban cerrados, su carita roja e hinchada, tenía una mano sobre la mejilla. El poder verla así, durmiendo tranquila, llenó de alegría mi corazón. Me pareció la más hermosa imagen que había contemplado jamás...

De pronto entró la odiosa enfermera, que venía seguramente a bajar el último de los interruptores.

–¡¿Qué hacen aquí?! –gritó desesperada, temiendo haber sido descubierta.

–Sólo vinimos a mostrarle al bebé –dijo mi madre consternada.

–¡No pueden estar aquí, tienen que irse! –gritaba la enfermera mientras empujaba a mi madre para alejarla de mí–. Salgan de inmediato –decía desesperada temiendo que sus planes se vinieran abajo.

–¡No puedes hacer esto! –le supliqué en mi mente–. ¡Déjame ver a mi bebé unos segundos más por favor! Me sentía desesperado, los momentos más felices de mi vida, los últimos momentos de mi vida, ¡me estaban siendo arrebatados!– ¡Sólo unos segundos más! ¡¡¡Quiero tocarla aunque sea una sola vez!!!

–¡Se movió! –gritó de pronto Graciela desde la puerta, donde había estado observando lo que sucedía.

Mi madre y la enfermera voltearon a verme y se dieron cuenta de que mi brazo izquierdo estaba levantado como si yo quisiera alcanzar a mi bebé. Fue tal la impresión de la enfermera, que en su intento de salir lo más rápido posible, derribó el frasco de suero que colgaba junto a mi cama, el cuál se estrelló derramando su contenido en el piso. Se abrió paso entre mi padre y Graciela y salió corriendo asustada.

–¡Llama al doctor! –pidió mi madre a mi papá que me miraba atónito.

En ese instante, tomé con mi mano izquierda el tubo que entraba por mi boca y lo jalé desesperado, tratando de quitármelo. Sentía que me ahogaba.

–Espera un momento hijito ya viene el doctor –me decía mi madre, mientras apoyaba su mano en mi hombro aún sosteniendo a la bebé con su otro brazo.

Casi de inmediato llegó mi padre acompañado del doctor que había salvado mi vida la primera vez, el cual, al verme ya con la cabeza levantada de la almohada, se acercó hacia mí y tocó mi frente para tranquilizarme. Retiró dos bandas elásticas que iban desde mi boca hacia la parte de atrás de mi cabeza y con un hábil movimiento sacó lentamente el tubo de plástico que obstruía mi garganta.

Cuando tomé una bocanada de aire, logré cerrar por primera vez los ojos, al dejarlo salir, después de toser un poco, me puse a llorar sin poder detenerme.

–Salgan de inmediato –pidió el doctor a mis padres y a Graciela que se habían reunido alrededor de mi cama.

–Vamos mi amor deja que el doctor haga su trabajo –le dijo mi padre a mi mamá invitándola a salir de la habitación.

–¿Estará bien doctor? –preguntó mi madre preocupada.

–Está consciente señora –contestó el doctor–. Es todo lo que sabemos hasta ahora. Salga por favor y lleve a ese nene a maternidad donde debe estar.

–Gracias Dios mío –dijo mi madre emocionada.

–¡Se los dije! ¡Yo sabía que iba a despertar! –decía alegremente Graciela mientras los tres se retiraban.

CATORCE

El día siguiente, fui sometido a una intervención quirúrgica para quitarme el tubo que había sido introducido en mi estómago y fui trasladado a otra habitación en el área de recuperación.

Irónicamente la misma enfermera que había tratado de acabar con mi vida, había sido asignada ahora para cuidar de mí. Cuando entró de nuevo a la habitación, estaba muerta de miedo.

–Buenos días –me dijo tímidamente mirando hacia el suelo.

–Buenos días –le contesté de lo más natural.

–Aquí está tu medicina –dijo, dejando un par de pastillas sobre el buró junto a mi cama. Revisó que todo estuviera en orden en la habitación, mientras yo la seguía con la mirada.

–Ya me voy –comentó nerviosa–. Si necesitas algo me puedes llamar apretando este botón –continuó, como queriendo averiguar si yo estaba enterado de lo que había sucedido.

–Gracias, ¡qué amable! –le contesté fingiendo que todo estaba bien.

Se encaminó hacia la salida y cuando estaba a punto de cruzar la puerta le pregunté:

–Por cierto... ¿qué sucedió con la mujer que necesitaba los riñones?

Su rostro palideció y abrió los ojos como si hubiera visto a un fantasma. Es obvio que se dio cuenta de que yo lo sabía todo.

–La... la... mujer. Ella está bien, encontró un donante el mismo día que despertaste –dijo tartamudeando y notablemente nerviosa.

No comentó nada más y cerró la puerta. Después me enteré de que ella y el doctor con el que había planeado vender mis órganos, abandonaron su trabajo ese día, seguramente temiendo que yo los delatara. No se volvió a saber de ellos.

Recuerdo muy bien el día que me visitaron mis familiares, mi madre estaba tan emocionada que entró corriendo a la habitación y me abrazó con fuerza, tomó mi cara entre sus manos y me llenó de besos.

–¡Hijito! Es un milagro. ¡Qué alegría verte bien otra vez! –me decía llorando sin dejar de besar mi rostro.

–Mamita, ¡qué ganas tenía de abrazarte! Te quiero mucho –le contestaba y ponía mi brazo alrededor de sus hombros mientras mi rostro se llenaba de lágrimas.

Mi padre nos observaba de pie tratando de ocultar las lágrimas que empezaban a brotar de sus ojos.

–Ven papá, ya no tienes nada que ocultar. Ya sé que tú también sientes, ya sé que tú me quieres tanto como yo a ti –le dije extendiendo mi brazo hacia él.

Se acercó hacia mi cama y los tres pasamos un buen rato abrazados sin que ninguno de nosotros pudiera contener el llanto.

Después pasaron a verme mis hermanos, todos los presentes se asombraron al enterarse de que estuve consciente todo el tiempo. Gracielita se puso muy contenta cuando le dije que ella me había ayudado a despertar, se movía inquieta y me tomaba de la mano, orgullosa.

La última en entrar a la habitación fue Laura, llevaba a nuestra hijita en brazos. Todos los presentes decidieron retirarse y dejarnos solos.

–Hola amor, ¿cómo estás? –me preguntó en voz baja.

–Estoy vivo mi vida... gracias a ti y a la bebé que llevas en brazos.

–¿Gracias a nosotros?

–Sí mi amor, fue por ustedes que me aferré tanto a la vida. Fueron las ganas de conocer a nuestra hijita, las que me llenaron de fuerza.

–Pues aquí está –decía ella a la vez que me acercaba a la bebé. La tomé entre mis brazos con mucho cuidado y la sostuve contra mi pecho. Me le quedé viendo extasiado y observando como abría y cerraba su boquita.

–Se parece a ti –dijo Laura sonriendo llena de ternura. Se acercó a mí y me besó en la boca.

Pasamos un rato juntos y después Laura se retiró a descansar, pues todavía se estaba recuperando del parto.

Esa tarde me sentí el hombre más afortunado del mundo. Había vuelto a nacer y tenía ahora la oportunidad de empezar de nuevo mi vida, de empezar una familia y de aplicar todo lo que había aprendido en los últimos nueve meses.

Le agradecí mi suerte a Dios, a la vida, a la naturaleza y a todo el universo. Ahora no me quedaba duda de que yo era parte de todo lo que existe.

Cerré mis ojos y pensé en mi guía. Lo llamé en mi mente y en voz alta...

–Guía, amigo mío. Quiero hablar contigo –supliqué varias veces sin obtener respuesta.

Sentí mucha tristeza al creer que ya no estaría más conmigo, que ya no podría aprender más de él.

Esa noche, justo antes de quedarme dormido, escuche la voz de mi guía muy a lo lejos que me decía:

—No puedo ir a ningún lado porque soy parte de ti. Aquí estaré cuando necesites escucharme...

QUINCE

Pasé dos semanas más en el hospital recuperándome y recibiendo visitas de doctores que estaban intrigados por lo que me había sucedido.

Cuando estaba a punto de abandonar el hospital, pregunté a todos los que pude por Esperanza, tenía la intención de agradecerle todas sus atenciones y el amor con el que cuidó de mí, la respuesta que recibí fue siempre la misma: "Jamás ha trabajado en este hospital una enfermera con el nombre de Esperanza." Incluso mis familiares no recordaban haberla conocido. Su presencia en mi vida permanecerá para mí como un misterio.

A pesar de que pasé tres meses en una clínica de terapia física, no pude recuperar por completo el movimiento de mi cuerpo. Me ayudo a caminar con un bastón, arrastro un poco el pie izquierdo y los movimientos de mi brazo derecho son muy limitados. Nada de esto me afecta, la dicha de poder comunicarme con otros y de poder participar de la vida es tan grande que esos pequeños defectos no tienen importancia para mí.

Laura y yo nos casamos y vivimos muy felices con nuestra hijita en un modesto departamento. Nuestras vidas tomaron un significado distinto y encontramos ahora la felicidad en las cosas más simples.

Un día decidí compartir con otros lo que aprendí en esa experiencia y empecé a escribir este libro que ahora sostienes en tus manos.

Quiero preguntarte querido amigo, querida amiga, hermanito, hermanita:

¿Tú de qué eres esclavo?, ¿de las heridas que recibiste cuando eras pequeño?, ¿de tus traumas de la infancia?, ¿de lo que alguien más decidió que fueras?, ¿de una relación que no te satisface?, ¿de un trabajo que no disfrutas?, ¿de la rutina de tu vida?

¡Ya libérate! Tira ya ese costal que llevas en la espalda en el que guardas el resentimiento, el rencor y la culpa. Deja ya de culpar a otros y a tu pasado por lo que no marcha bien en tu vida. Cada día tienes la oportunidad de empezar otra vez. Cada mañana, al abrir los ojos, naces de nuevo, recibes otra oportunidad para cambiar lo que no te gusta y para mejorar tu vida. La responsabilidad es toda tuya. Tu felicidad no depende de tus padres, de tu pareja, de tus amigos, de tu pasado, depende sólo de ti.

¿Qué es lo que te tiene paralizado?, ¿el miedo al rechazo?, ¿al éxito?, ¿al fracaso?, ¿al qué dirán?, ¿a la crítica?, ¿a cometer errores?, ¿a estar solo?

¡Rompe ya las cadenas que tú mismo te has impuesto! A lo único que le debes tener miedo es a no ser tú mismo, a dejar pasar tu vida sin hacer lo que quieres, a desaprovechar esta oportunidad de mostrarte a otros, de decir lo que piensas, de compartir lo que tienes. Tú eres parte de la vida y como todos, puedes caminar con la frente en alto. Los errores del pasado ya han sido olvidados y los errores del futuro serán perdonados. Date cuenta de que nadie lleva un registro de tus faltas, sólo tú mismo. Ese juez que te reprocha, ese verdugo que te castiga, ese mal amigo que siempre te critica, ¡eres tú mismo! Ya déjate en paz, ya perdónate, sólo tú puedes lograrlo.

¿Cuándo vas a demostrar tu amor a tus seres queridos?, ¿cuándo te queden unos minutos de vida?, ¿cuándo les queden a ellos unos minutos de vida?

El amor que no demuestres hoy, se perderá para siempre. Recuerda que la vida es tan corta y tan frágil que no tenemos tiempo que perder en rencores y estúpidas discusiones. Hoy es el día de perdonar las ofensas del pasado y de arreglar las viejas rencillas. Entrégate a los que amas sin esperar cambiarlos, acéptalos tal como son y respeta el don más valioso que han recibido: su libertad.

Disfruta de tus relaciones sin hacer dramas. Si pretendes que todos hagan lo que tú quieres o que sean como tú has decidido, si pretendes controlar a los que te rodean, llenarás tu vida de conflictos. Permite a otros que tomen sus propias decisiones como has de tomar las tuyas, tratando siempre de lograr lo que es mejor para todos. Así podrás llenar tu vida de armonía.

Y por último, ¿qué estás esperando para empezar a disfrutar de tu vida?, ¿que se arreglen todos tus problemas?, ¿que se te quiten todos tus traumas?, ¿que por fin alguien reconozca tu valía?, ¿que llegue el amor de tu vida?, ¿que regrese el que se fue?, ¿que todo te salga como tú quieres?, ¿que se acabe la crisis económica?, ¿que te suceda un milagro?, ¿que por arte de magia todo sea hermoso y perfecto?

¡Despierta ya hermano!, ¡despierta ya hermana!, ¡ésta es la vida! La vida no es lo que sucede cuando todos tus planes se cumplen, ni lo que pasará cuando tengas eso que tanto deseas. La vida es lo que está pasando en este preciso instante. Tu vida en este momento es leer este párrafo, donde quiera que lo estés haciendo y con las circunstancias que te rodean ahora. En este momento tu corazón lleva sangre a todas las células de tu cuerpo y tus pulmones llevan oxígeno a donde se necesita. En este momento algo que no podemos comprender te mantiene vivo y te permite ver, pensar, expresarte, moverte, reír, ¡hasta llorar si quieres!

No te acostumbres a la vida, no te acostumbres a despertar todos los días y estar aburrido, o malhumorado, o preocupado. Abre tus ojos y agradece todas las bendiciones que puedes ver, agradece tu capacidad de oír el canto de los pájaros, tu música preferida, la risa de tus hijitos. Pon tus manos en tu pecho y siente tu corazón latir con fuerza diciéndote: "estás vivo, estás vivo, estás vivo".

Yo sé que la vida no es perfecta, que está llena de situaciones difíciles. Tal vez, así es como se supone que sea. Tal vez por eso se te han brindado todas las herramientas que necesitas para enfrentarla: una gran fortaleza que te permite soportar las pérdidas, la libertad de elegir cómo reaccionar ante lo que sucede, el amor y el apoyo de tus seres queridos.

Sé también que tú no eres perfecto, nadie lo es. Y sin embargo, millones de circunstancias se han reunido para que existas. Fuiste formado a partir de un diseño maravilloso y compartes con toda la humanidad sus virtudes y defectos. Así está escrito en tus genes, en los genes de todos los seres humanos que han existido y en todos los que existirán.

Tus pasiones, tus miedos, tus heridas, tus debilidades, tus secretos y tu agresión, los compartes con todos tus hermanos. ¡Bienvenido a la raza humana! Esos supuestos defectos son parte de tu libertad, parte de tu humanidad.

Si te preguntas ¿quién soy yo para decirte todo esto? Te contestaré que no soy nadie, soy simplemente una versión diferente de lo que tú eres. Otro ser humano más entre miles de millones, pero uno que ha decidido ser libre y recuperar todo el poder de su vida...

Espero que tú también decidas hacerlo.

- ¡Yo puedo lograr todas mi metas!
- Vivir aquí y ahora
- ¡El amor sí es para mí!
- Abre la puerta a la prosperidad
- Autoestima: la llave del éxito
- El pasado quedó atrás
- Tengo fe en el futuro
- ¡La felicidad sí es par mí!

Mini-guías

- Para el éxito y la superación personal
- Para ser feliz hoy
- Para mejorar tu vida
- Sobre el amor y el desamor
- Para vivir en paz

Toda una vida

- Meditaciones para una vida plena
- 500 Pensamientos y refranes
- 500 Consejos para enfrentar la vida
- Secretos de quienes ya alcanzaron el éxito

Visita nuestra página web:
www.pmpmexico.com
Mándanos un mail:
superate@yahoo.com

Nos interesa conocer tu opinión y
estar en contacto con nuestros lectores.

Este libro se terminó de imprimir felizmente
y con el propósito de que logres mejorar tu
situación de vida en los talleres de:

El Camino Rojo Ediciones,
S.A. De C.V.
Artes 139 Col. Estanzuela
México 07060 D.F.
Tels.: 5737-0760 5767-7947